Inhaltsverzeichnis

yasmin

10

D wie Deutsch

Arbeitsheft

Basis mit zusätzlicher Förderung

Herausgegeben von Dorothee Braun und Renate Teepe

Erarbeitet von
Isabell Burkheiser, Ulrich Deters, Beate Hallmann,
Sandra Heidmann-Weiß, Michaela Krauß, Ricarda Lohrsträter,
Mona Miethke-Frahm, Corinna Nagel, Isabel Tebarth,
Renate Teepe, Elisabeth Schäpers, Barbara Wohlrab

Cornelsen

Neben diesem Arbeitsheft gibt es das Arbeitsheft Basis und Plus.

Bildquellen

S. 3 o., S. 6: stock.adobe.com/Viktorie; **S. 3 u., S. 23**: Shutterstock.com/Jenny Burrows; **S. 4**: stock.adobe.com/Thorsten Schier; **S. 7**: stock.adobe.com/Stephanie Albert; **S. 11**: stock.adobe.com/www.davidfreigner.at/TeamDaf; **S. 12**: stock.adobe.com/elen31; **S. 16**: Statista GmbH; **S. 17**: stock.adobe.com/blattwerkstatt; **S. 18**: Statista GmbH; **S. 22 o.**: stock.adobe.com/Richard Carey; **S. 22 u.**: stock.adobe.com/Richard Whitcombe/whitcomberd; **S. 24**: Bracenet.net; **S. 28 o.**: Shutterstock.com/alfredhofer; **S. 28 u.**: Shutterstock.com/Luis becerra; **S. 29 o., S. 32**: © Klein/DUH; **S. 29 u.**: stock.adobe.com/TimeStopper; **S. 36**: stock.adobe.com/martinseb; **S. 37**: Statista GmbH; **S. 80**: Shutterstock.com/Madeleine Steinbach; **S. 81**: Shutterstock.com/Eli_Oz; **S. 82**: Shutterstock.com/Joaquin Corbalan P; **S. 85**: stock.adobe.com/Stockwerk-Fotodesign; **S. 86**: stock.adobe.com/Karl-Heinz H; **S. 88**: stock.adobe.com/joern_gebhardt; **S. 90**: © BMEL; **S. 104**: stock.adobe.com/JonRob; **S. 105**: Shutterstock.com/Guenter Albers; **S. 106**: stock.adobe.com/powell83; **S. 107**: Shutterstock.com/Takashi Images; **S. 108**: stock.adobe.com/Thorsten Schier; **S. 109**: stock.adobe.com/Jan Van Der Voort; **S. 110**: stock.adobe.com/SCStock; **S. 111**: stock.adobe.com/Jakub; **S. 112**: stock.adobe.com/taniawood/EyeEm; **S. 113**: stock.adobe.com/Yuri Hoyda; **S. 114**: mauritiusimages/Werner Dieterich; **S. 115**: stock.adobe.com/Oliver; **S. 116**: Shutterstock.com/Oliver Hlavaty Photo; **S. 117**: stock.adobe.com/keleny; **S. 118**: Shutterstock.com/paul and paula.

Impressum

Redaktion: Susanne El-Gindi, Sandra Wuttke-Baschek
Umschlaggestaltung: Rosendahl Berlin, Berlin
Layoutkonzept: Klein & Halm Grafikdesign, Berlin
Technische Umsetzung: Straive

www.cornelsen.de

1. Auflage, 1. Druck 2023

Alle Drucke dieser Auflage sind inhaltlich unverändert und können im Unterricht nebeneinander verwendet werden.

Druck: H. Heenemann, Berlin

ISBN 978-3-06-200045-4

PEFC
PEFC/04-31-1156

PEFC zertifiziert
Dieses Produkt stammt aus nachhaltig bewirtschafteten Wäldern und kontrollierten Quellen.

www.pefc.de

Einsatz für das Gemeinwohl? – *schriftlich argumentieren*

In diesem Kapitel bilde ich mir eine Meinung zu einem Thema.
Ich nehme persönlich Stellung und schreibe einen Beitrag für ein Diskussionsforum.

Eine Stellungnahme schreiben
- In der **Einleitung** nenne ich das **Thema** und meine **eigene Meinung**.
- Im **Hauptteil** begründe ich meine Meinung mit **Argumenten** und veranschauliche diese durch **Beispiele**.
  Ich nenne ein mögliches **Gegenargument** und **entkräfte** es.
  Ich berücksichtige dabei meine **Argumentationskette**.
- Zum **Schluss** fasse ich noch einmal meine Meinung zusammen.
  Ich kann auch eine Empfehlung aussprechen.

So baue ich eine Argumentation auf	So kann ich überzeugend formulieren
die Einleitung	*Die Meinungen zum Thema … gehen auseinander.*
die eigene Meinung	*Ich bin für/gegen … / Ich bin der Meinung, dass …*
1. Argument (weniger wichtig)	*Ein Argument für/gegen … ist …*
1. Beispiel	*Zum Beispiel … / Belegt wird dies dadurch, dass …*
2. Argument (wichtig)	*Ein wichtiges Argument ist auch …*
2. Beispiel	*Beispielsweise … / Die Umfrage zeigt zum Beispiel …*
ein Gegenargument entkräften	*Es stimmt zwar, dass … / Ich denke aber, dass … /* *Ich verstehe die Bedenken, dass … Dennoch …*
3. Argument (am wichtigsten)	*Das wichtigste Argument … / Vor allem aber …*
3. Beispiel	*Ein Beispiel dafür ist … / Zum Beispiel …*
der Schluss	*Deshalb meine ich … / Ich empfehle …* *Deshalb komme ich zu dem Schluss, dass …*

Feuerwerk an Silvester – schriftlich argumentieren

Zum Jahresende wird immer wieder über diese Frage diskutiert: Feuerwerk an Silvester, ja oder nein? Du informierst dich zu dem Thema und bildest dir eine Meinung. Dann nimmst du persönlich Stellung und schreibst einen Beitrag für ein Diskussionsforum.

1 Welche Meinung hast du spontan zu Feuerwerk an Silvester? Schreibe deine Meinung auf und begründe sie.

Ich bin der Meinung, dass ____

____.

2 Lies den folgenden Text mithilfe des Lese-Profis.

M1 Pro und kontra Feuerwerk

Für viele Menschen gehört das **Zünden von Feuerwerk** zu einer **gelungenen Feier** an Silvester dazu. Mit Freunden um Mitternacht anstoßen, gemeinsam auf der Straße stehen und die Raketen in den Himmel schießen. So läuft bei vielen Menschen Silvester ab. Es ist also **eine Tradition und ein schönes Ritual**, um ins neue Jahr zu kommen.

Ein Feuerwerk kann **auch Kunst** sein. Besonders die großen Silvesterfeiern mit einem professionellen Feuerwerk sind perfekt durchgeplant und schaffen richtige **Kunstwerke am Himmel**. Von einer Anhöhe **sehen** auch die vielen kleinen, privaten Feuerwerke **schön aus**.

[…] Für ein Silvesterfeuerwerk spricht außerdem, dass Menschen mit der Pyrotechnik* ihr **Geld verdienen**. 2019 gaben die Deutschen zum Beispiel 122 Millionen Euro für Raketen und Knaller aus. Jährlich werden ungefähr 40 000 Tonnen Feuerwerkskörper nach Deutschland importiert**. […]

Allerdings **verursacht** das Knallen an Silvester große Mengen an **Feinstaub**. […] Es **gefährdet die Gesundheit**, wenn man diesen Feinstaub einatmet. Je nach Wetterlage kann die Feinstaubbelastung in den ersten Stunden des neuen Jahres sehr hoch sein.

* die Pyrotechnik: die Herstellung und der Gebrauch von Feuerwerkskörpern
** importiert: im Ausland gekauft und eingeführt

Außerdem spricht gegen Feuerwerk, dass **Tiere** unter dem Krach an Silvester **leiden**. Denn die lauten Knallgeräusche der Böller **machen** ihnen **Angst**. […] Hunde sollten zum Beispiel immer angeleint werden, da sie durch Knaller erschrecken und weglaufen könnten. Auch Wildtiere und Kühe oder Pferde können **in Panik** geraten.

[…] Zudem **verletzen sich** jedes Jahr **Menschen** teils schwer durch den falschen Umgang mit Raketen oder durch illegale*** Böller. Häufig kommt es auch zu Schäden des Gehörs, dem Knalltrauma. […] Und wer es dann an Neujahr früh aus dem Bett schafft, der sieht **Unmengen** an **Müll auf den Straßen**. […] Die Abfallentsorger mussten 2019 beispielweise über 190 Tonnen Silvesterabfall in den fünf größten Städten – Berlin, Hamburg, München, Köln und Frankfurt am Main – entfernen. V

*** illegal: unerlaubt

3 Worum geht es in dem Text? Kreuze die richtige Aussage an.

In dem Text geht es um …
- ☐ ein Verbot von Feuerwerk an Silvester.
- ☐ die Gründe, die für oder gegen Feuerwerk an Silvester sprechen.
- ☐ verschiedene Traditionen und Rituale an Silvester.

4 Im Text findest du Argumente **für** und **gegen** Feuerwerk an Silvester.

a. Markiere die Pro-Argumente und die Kontra-Argumente in zwei verschiedenen Farben.

b. Schreibe die Argumente in Stichworten in die Tabelle.

Argumente für Feuerwerk an Silvester (pro)	Argumente gegen Feuerwerk an Silvester (kontra)
– Tradition und schönes Ritual	

M2 In einem Online-Forum liest du drei Kommentare zum Thema.

Lotte (23 Jahre): Meine Meinung: Feuerwerk an Silvester muss einfach sein. Einmal im Jahr sollte man ausgelassen, fröhlich und laut sein dürfen. Das Knallen und Zünden von Raketen macht gerade jungen Leuten Spaß und bringt diesen speziellen Kick zum Jahreswechsel.

Roger (51 Jahre): Mich stört vor allem, dass für Silvesterfeuerwerk so viel Geld verschwendet wird. Jedes Jahr kaufen die Leute für über 100 Millionen Euro Feuerwerkskörper. Dieses Geld könnte man doch viel sinnvoller ausgeben.

Magda (36 Jahre): Als Chemikerin beschäftige ich mich mit „Öko-Feuerwerk". Es gibt Feuerwerk, das weniger umweltschädlich ist. Es enthält weniger giftige Stoffe und erzeugt weniger Rauch und Gestank. Zum Beispiel wird Plastik durch Papier und biologisch abbaubare Stoffe ersetzt. Ein Öko-Feuerwerk ist zwar teurer. Aber so lässt sich vielleicht Umweltschutz und Spaß verbinden.

5 In den Aussagen findest du weitere Argumente **für** und **gegen** Feuerwerk.
a. Markiere die Pro- und Kontra-Argumente wieder in zwei Farben.
b. Schreibe die Argumente in Stichworten in die Tabelle von Aufgabe 4.
c. Findest du noch eigene Argumente? Schreibe sie in die Tabelle.

Jonas hat die Argumente für und gegen Feuerwerk an Silvester gelesen. Er hat sich eine Meinung gebildet.

6 **a.** Lies die Aussage von Jonas.

Ich finde, dass Feuerwerk zu Silvester unbedingt dazugehört. Natürlich weiß ich, dass Feuerwerkskörper die Luft und die Straßen verschmutzen. Aber es ist doch nur einmal im Jahr!
Ich bin für Feuerwerk, denn besonders wir Jüngeren haben Spaß daran, mit Böllern und Raketen ins neue Jahr zu rutschen.

b. Ist Jonas für oder gegen Feuerwerk? Unterstreiche seine Meinung.
c. Markiere sein Argument.

**Jonas möchte sein Argument mit einem Beispiel veranschaulichen.
Er hat im Internet folgende Grafik gefunden.**

M3 Ja, ich zünde an Silvester Feuerwerkskörper.

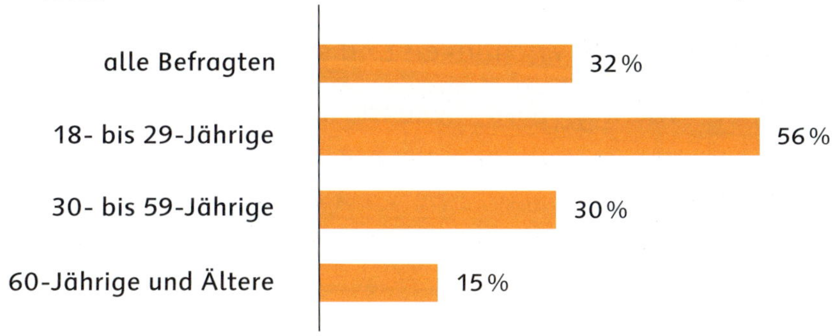

Quelle: Statista Umfrage Weihnachten und Silvester 2018, nach www.kidzshelter.de

7 Was zeigt die Grafik von 2018? Kreuze an.

► Der Lese-Profi für Grafiken, vorne auf der Umschlagseite

Die Grafik zeigt, …
- ☐ wie viele der Befragten Silvester feiern.
- ☐ wie viele der Befragten an Silvester selbst Feuerwerk zünden.

8 Welche Aussage aus der Grafik passt am besten zu Jonas' Argument? Kreuze an.
- ☐ Mehr als die Hälfte der Befragten zwischen 18 und 29 Jahren zünden an Silvester Feuerwerkskörper (56 %).
- ☐ Von allen Befragten zünden nur 32 % Feuerwerk an Silvester.

9 Schreibe für Jonas eine Argumentationskette auf.
Ergänze das Argument und das Beispiel.

Ich bin für das Zünden von Feuerwerk an Silvester, weil ______________________
______________________.

Eine Umfrage von 2018 zeigt zum Beispiel, dass ______________________
____
______________________.

Du planst nun deine Stellungnahme zum Thema Feuerwerk an Silvester.

10 Wie ist jetzt deine Meinung zu dem Thema? Schreibe einen Satz.

____
____

Du kannst andere besser überzeugen, wenn du deine Argumente nach Wichtigkeit ordnest und sie mit Beispielen veranschaulichst.

11 a. Mit welchen Argumenten kannst du deine Meinung begründen?
Markiere drei passende Argumente in der Tabelle auf Seite 7.
b. Ordne diese Argumente nach Wichtigkeit und schreibe sie auf:

1 weniger wichtig, 2 wichtig, 3 am wichtigsten.

1 ______________________________

2 ______________________________

3 ______________________________

12 Notiere zu deinen Argumenten ein passendes Beispiel in Stichworten.
Du findest Beispiele in den Texten M1 und M2 und in der Grafik M3.

Beispiel 1: ______________________________

Beispiel 2: ______________________________

Beispiel 3: ______________________________

13 Schreibe eines deiner Argumente in einem vollständigen Satz auf.
Veranschauliche es mit einem Beispiel.

Ein wichtiges Argument ist ______________________________

______________________________.

Zum Beispiel ______________________________

______________________________.

14 Schreibe nun deinen Beitrag für das Diskussionsforum.
- Nenne in der **Einleitung** das Thema und deine Meinung.
- Begründe im **Hauptteil** deine Meinung mit drei Argumenten.
  Nenne dein wichtigstes Argument zuletzt.
- Veranschauliche deine Argumente mit Beispielen.
- Schreibe den **Schluss**. Fasse deine Meinung noch einmal kurz zusammen.
  Du kannst auch etwas empfehlen.

Zum Thema … gibt es sehr unterschiedliche Meinungen.
Ich bin für/gegen Feuerwerk, weil … Zum Beispiel …
Ein wichtiges Argument ist auch … Beispielsweise …
Am wichtigsten ist mir aber … Zum Beispiel …
Deshalb bin ich der Meinung, dass … / Deshalb empfehle ich …

Der Hundeführerschein als Pflicht – schriftlich argumentieren

Sollte der Hundeführerschein verpflichtend für alle Hundehalterinnen und Hundehalter sein? Du informierst dich zu dem Thema und bildest dir eine Meinung. Dann nimmst du persönlich Stellung und schreibst einen Beitrag für ein Diskussionsforum.

M1 Was ist ein Hundeführerschein?

Ein Hundeführerschein ist eine Art **Zeugnis**. Hundehalterinnen und Hundehalter legen dafür eine **theoretische und** eine **praktische Prüfung** ab. Sie sollen zeigen, dass sie sich mit der **Hundehaltung** und **Hundeerziehung** auskennen und **ihren Hund** in verschiedenen Situationen **unter Kontrolle haben**. Die Regelungen sind in Deutschland unterschiedlich. Im Bundesland Niedersachsen ist der **Hundeführerschein Pflicht**. In manchen Bundesländern soll man das eigene Wissen nur in einer theoretischen Prüfung nachweisen. Dieser sogenannte **Sachkundenachweis** ist Pflicht, wenn der Hund eine bestimmte Größe hat.

1 Was wird für den Hundeführerschein geprüft? Schreibe Stichworte auf.

2 Lies nun den folgenden Text mithilfe des Lese-Profis.

M2 Verpflichtender Hundeführerschein: Pro und Kontra

Nach mehreren Biss-Attacken von Hunden werden die Forderungen nach einem verpflichtenden Hundeführerschein wieder lauter. Aber welche Vorteile und Nachteile bietet der Hundeführerschein? […]

Mit dem Hundeführerschein werden Hundehalterinnen und Hundehalter **auf** das **Zusammenleben** mit einem Vierbeiner **vorbereitet**. Sie erhalten wichtige **Informationen über** die **Bedürfnisse** eines Hundes und die **Anforderungen**, die sie selbst erfüllen müssen.

Durch die Informationen können sie sich darüber klarwerden, was ein Hund tatsächlich für ihren eigenen Alltag bedeutet. So sollen **Spontankäufe verhindert** werden. Denn gerade Hunde, die aus einer Laune heraus gekauft werden, werden später oft ausgesetzt oder landen in Tierheimen.

Durch den Hundeführerschein lernen Hundehalterinnen und Hundehalter ihren (künftigen) Hund viel besser kennen. Sie lernen das Wichtigste über den **artgerechten Umgang** und erfahren, wie sie die **Signale ihres Hundes** richtig **deuten** können. Je mehr ein Mensch über den vierbeinigen Liebling weiß, desto besser kann sie oder er **gefährliche Situationen erkennen** und möglichst ganz **vermeiden**.

Doch es gibt auch Kritik an der Pflicht zum Hundeführerschein: Viele Hundehalterinnen und Hundehalter haben **jahrelange Erfahrung** mit Hunden. Sie verstehen nicht, warum sie plötzlich eine Prüfung machen und dafür Geld bezahlen müssen.

Ein Argument gegen den Hundeführerschein sind die damit verbundenen **Kosten** und der erhöhte **Aufwand**. […] Die Kosten für den Hundeführerschein sind aber im Vergleich zu Futter- oder Tierarztkosten eher gering – und vor allem nur einmal zu entrichten. Das Training und die Prüfung kosten zwischen 100 und 200 Euro.

Die **Unterbringung** oder **Betreuung** des Hundes durch Hundesitter, Freunde und Familienangehörige könnte **schwierig** werden, wenn diese keinen Hundeführerschein gemacht haben. V

3 Worum geht es in dem Text M2?
Kreuze die richtige Aussage an.

In dem Text geht es um …
- ☐ die Ausbildung zur Hundetrainerin / zum Hundetrainer.
- ☐ die Einführung eines Führerscheins für gefährliche Hunderassen.
- ☐ die Vorteile und Nachteile eines Hundeführerscheins.

4 In dem Text findest du Argumente **für** und **gegen** den Hundeführerschein.
a. Markiere die Pro-Argumente und die Kontra-Argumente in verschiedenen Farben.
b. Schreibe die Argumente in Stichworten in die Tabelle auf Seite 13.

Argumente für einen Hundeführerschein (pro)	**Argumente gegen einen Hundeführerschein (kontra)**
– Informationen über Bedürfnisse des Hundes und eigene Anforderungen	

M3 **In einem Hunde-Forum liest du folgende Kommentare.**

Marvin D. aus Hannover

Als Tierarzt führe ich selbst manchmal praktische Prüfungen durch. Im Park oder in der Fußgängerzone sollen Mensch und Hund zeigen, dass sie ein gutes Team sind. Der Hund sollte gehorchen und ruhig bleiben, wenn beispielsweise Radfahrerinnen oder Radfahrer oder spielende Kinder in der Nähe sind. Meiner Meinung nach ist der verpflichtende Hundeführerschein sinnvoll, damit Konflikte mit anderen Tieren oder Angriffe auf Menschen verhindert werden.

Alina T. aus Dortmund

Ich liebe Hunde und habe meinen kleinen Mischling seit über drei Jahren. Eine Pflicht zum Hundeführerschein lehne ich ab, weil damit Kosten, unnötiger Aufwand und Papierkram verbunden sind. Außerdem denke ich, dass sich die meisten Leute sowieso intensiv mit der Pflege und Erziehung ihrer Hunde auseinandersetzen. Wir tauschen uns beispielsweise im Hundeverein aus und beraten uns gegenseitig.

5 Wer äußert sich **für** den Hundeführerschein, wer **dagegen**?
Unterstreiche die Meinung in beiden Kommentaren.

6 **a.** Markiere die Argumente für und gegen den Hundeführerschein wieder in verschiedenen Farben.

b. Schreibe die Argumente in Stichworten in die Tabelle oben.

Marie wohnt in Berlin. Sie ist für die Pflicht zum Hundeführerschein.
Im Internet hat sie folgende Grafik gefunden.

M4 Hundebiss-Vorfälle in Berlin* 2021

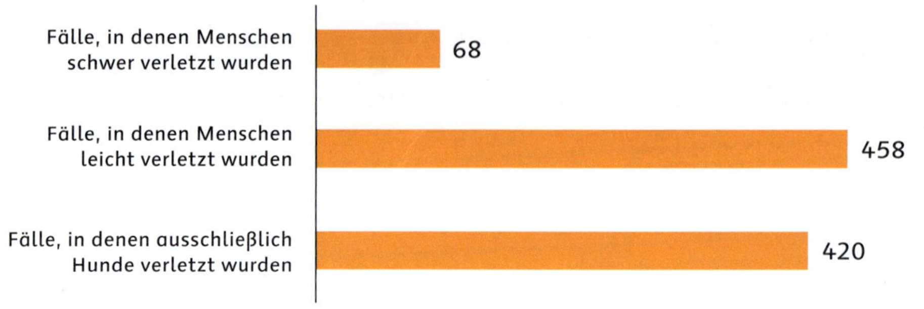

Quelle: Senatsverwaltung für Umwelt, Mobilität, Verbraucher- und Klimaschutz, Berlin 2021

* In Berlin ist der Hundeführerschein nicht verpflichtend.

7 Was wird in der Grafik von 2021 dargestellt? Schreibe einen Satz.

► Der Lese-Profi für Grafiken, vorne auf der Umschlagseite

Die Grafik zeigt ______________________________

______________________________.

8 Marie hat ihre Meinung zu dem Thema aufgeschrieben. Sie möchte ein wichtiges Argument mit einem Beispiel veranschaulichen.

a. Unterstreiche in Maries Entwurf das Argument.

b. Ergänze ein passendes Beispiel aus der Grafik M4.

Ich finde die Pflicht zum Hundeführerschein vor allem deshalb richtig, weil dadurch Biss-Verletzungen von Menschen und Hunden verhindert werden könnten. In Berlin muss man zum Beispiel keinen Hundeführerschein machen. Die Grafik zeigt, dass im Jahr 2021 ______________________________

____

Du hast Argumente für und gegen den Hundeführerschein gelesen.
Du planst nun deine Stellungnahme.

9 Wie ist deine Meinung zu dem Thema? Schreibe einen Satz.

____

____

Du kannst andere besser überzeugen, wenn du deine Argumente nach Wichtigkeit ordnest und sie mit Beispielen veranschaulichst.

10 a. Wähle drei passende Argumente aus der Tabelle auf Seite 13 aus. Du kannst auch eigene Argumente verwenden.
b. Ordne diese Argumente nach Wichtigkeit und schreibe sie auf:

1 weniger wichtig, 2 wichtig, 3 am wichtigsten.

1 ______________________________

2 ______________________________

3 ______________________________

11 Notiere zu deinen Argumenten je ein Beispiel in Stichworten.
Tipp: Du findest Beispiele in den Texten M2 und M3 und in der Grafik M4.

Beispiel 1: ______________________________

Beispiel 2: ______________________________

Beispiel 3: ______________________________

12 Wähle ein Argument aus, das **nicht** zu deiner Meinung passt.
Schreibe dieses Gegenargument auf und entkräfte es.

Ich verstehe die Bedenken, dass ______________________________

______________________________.

Dennoch meine ich, ______________________________

____

______________________________.

13 Schreibe nun deinen Beitrag für das Diskussionsforum.
Verwende deine Ergebnisse aus den Aufgaben 9 bis 12.
Hilfen findest du im Wissen kompakt auf Seite 5.

► Wissen kompakt, S. 5

a. Schreibe die **Einleitung**. Nenne das Thema und deine Meinung.
Die Meinungen zum Thema … sind sehr unterschiedlich.
Ich bin für/gegen … / Ich bin der Meinung, dass …

b. Schreibe den **Hauptteil**.
- Begründe deine Meinung mit drei Argumenten und veranschauliche sie mit Beispielen. Nenne dein wichtigstes Argument zum Schluss.
- Nenne ein Gegenargument und entkräfte es.

c. Schreibe den **Schluss**. Du kannst deine Meinung kurz zusammenfassen oder etwas empfehlen.

Helmpflicht – schriftlich argumentieren

Im Jahr 2022 besteht in Deutschland keine Helmpflicht auf dem Fahrrad oder bei E-Scootern. Es ist eine Ansichtssache: Während die einen auf den Fahrradhelm schwören, verzichten andere bewusst darauf. In einem Internetforum wird daher die Frage diskutiert: Sollte es eine allgemeine Helmpflicht für das Fahrrad geben?

1 Formuliere spontan in deinem Heft deine Meinung zur Einführung einer Helmpflicht. Begründe sie kurz.

Die Materialien zeigen unterschiedliche Sichtweisen zum Thema Helmpflicht. Du bildest dir eine Meinung und nimmst in einem Beitrag für das Internetforum Stellung.

2 Lies die Grafik M1 und den Text M2.

M1

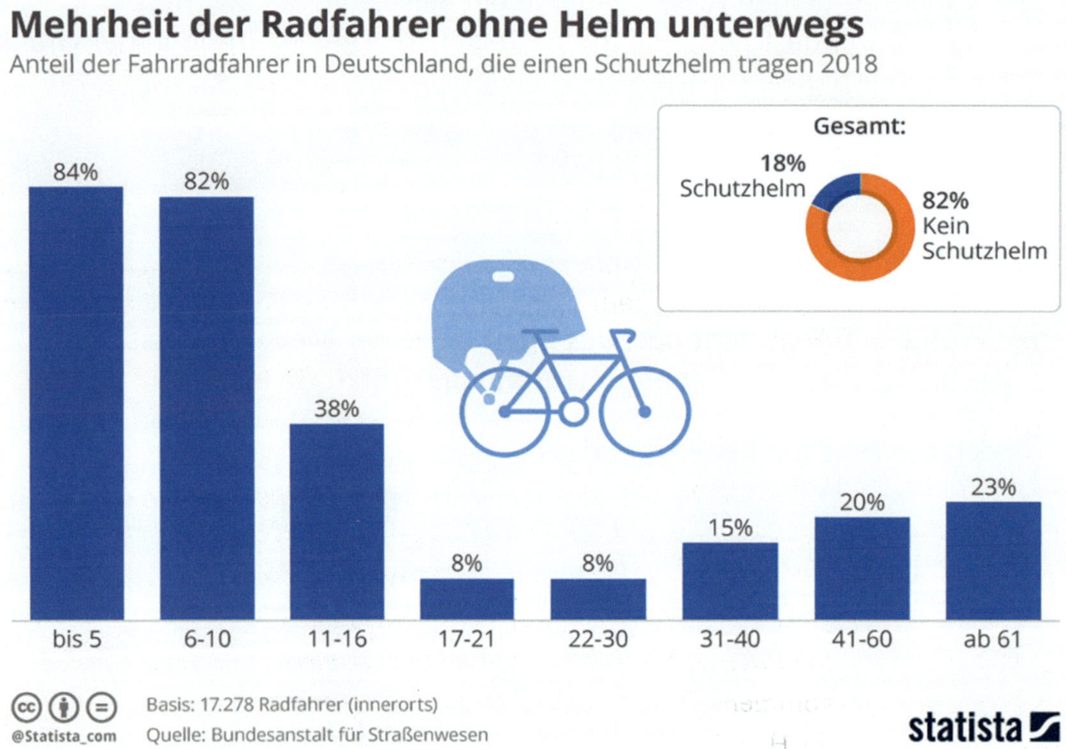

M2 Helmpflicht?

2022 besteht hierzulande keine Helmpflicht– auch für Kinder nicht. Es folgen also keine Strafen laut StVO (Straßenverkehrsordnung), wenn sie ohne Helm auf dem Rad unterwegs sind. Das Fahrrad setzt sich gerade in deutschen Städten immer mehr als bevorzugtes Verkehrsmittel durch. Oft erreichen Radfahrer ihr Ziel in der Innenstadt nahezu genauso schnell wie mit dem Auto – den Bonus der Bewegung an der frischen Luft gibt es dazu. Leider wird das Radfahren im Verkehr für die Radfahrer jedoch immer gefährlicher. [...] Das Tragen eines Helmes ist in Deutschland keine Pflicht, doch gilt eine grundsätzliche Empfehlung für Radfahrer, einen Fahrradhelm aufzusetzen, wenn sie im Straßenverkehr fahren. V

3 **a.** Warum ist die Diskussion über eine Helmpflicht grundsätzlich berechtigt? Begründe in einem Satz.

Die Mehrheit

b. Wie unterscheidet sich die Helmnutzung bei den Altersgruppen in der Grafik M1? Beschreibe, was dir auffällt.

Auffällig ist, dass

4 Erstelle in deinem Heft eine übersichtliche Tabelle. Diese verwendest du später als Grundlage für deine Stellungnahme.
- Du trägst alle Pro- und Kontra-Argumente aus den Materialien ein.
- Du kannst auch eigene Argumente ergänzen.
- Du gibst zu den Argumenten die Quelle (das Material) an.

Pro Helmpflicht	Beispiel	Kontra Helmpflicht	Beispiel
Radfahren wird immer gefährlicher	...	...	...

5 Lies den Text M3. Im Text findest du weitere Argumente für eine Helmpflicht.
a. Markiere die Pro-Argumente farbig. Achte darauf, nur das Wichtigste zu markieren.
b. Trage die Argumente in deine Tabelle ein.

M3 Die Vorteile einer Helmpflicht – Verletzungsrisiko senken

Jeder Fahrradhelm senkt das Risiko einer Kopfverletzung nach einem Unfall. Vor allem Mediziner und Unfallchirurgen gehören zu den Befürwortern der Pflicht. Die Experten sind der Meinung, dass ein Großteil schwerer Hirnverletzungen nach einem Radunfall durch einen Helm vermieden werden kann. Es würde generell zu weniger Kopfverletzungen kommen, wie einige Untersuchungen in Australien oder den USA zeigen. Hier herrscht nämlich eine gesetzliche Helmpflicht. Gleichzeitig lässt sich der Rückgang der Verletzungen aber auch mit der verringerten Anzahl an Fahrradfahrern erklären, seit der Einführung dieser Pflicht. Genau an diesem Punkt werden die Kontra-Meinungen interessant. [...]

Helmpflicht für Kinder und Jugendliche

Wenn es schon keine gesetzliche Vorschrift für Erwachsene gibt, fordern viele Experten zumindest eine Fahrradhelmpflicht für Kinder und Jugendliche bis zu einem bestimmten Alter. Viele europäische Länder machen diese Regelung vor. [...] Gerade die Kleinsten können die Gefahren kaum richtig einschätzen. Gleichzeitig ist die Gefahr von ernsthaften Verletzungen wesentlich höher. Befürworter sind sich einig, dass sich die Verpflichtung in dieser Altersgruppe deutlich schneller durchsetzen lässt. V

6 **a.** Markiere in Text M4 die Argumente gegen eine Helmpflicht in einer anderen Farbe.
b. Trage die Argumente in deine Tabelle ein.

M4 Gegenargumente: Helmpflicht senkt Fahrradnutzung

Die gesetzliche Helmpflicht würde natürlich auch einige negative Nebenwirkungen mit sich bringen. So entscheiden sich deutlich weniger Menschen für das Radfahren, was die Anzahl der Autofahrer wieder in die Höhe schnellen lässt.

Die sinkende Fahrradnutzung wäre in den Städten zu spüren und verändert die Fahrradkultur eines Landes. Außerdem wirkt sich dieses Verhalten negativ auf die Umweltbilanz aus. Experten sehen mit einer sinkenden Fahrradnutzung auch gleichzeitig eine höhere Gefahr für die übrigen Radfahrer im Straßenverkehr.

Je häufiger Menschen auf dem Rad statt im Auto unterwegs sind, desto mehr gewöhnen sich die anderen Teilnehmer daran und nehmen Rücksicht. Tauchen Radfahrer gerade im Stadtgeschehen nur noch vereinzelt auf, so werden sie schneller übersehen und die Unfallrate könnte wieder nach oben gehen.

Zudem ist der Helm kein Sicherheitsgarant auf dem Rad. Er muss vor allem korrekt getragen werden und sollte zur Kopfform passen. Falsch sitzende oder ungeeignete Helme stellen ebenso eine Gefahr dar. […]

Ein Verstoß gegen die gesetzliche Helmpflicht müsste Strafen und Bußgelder mit sich ziehen, die sich nur schwer umsetzen lassen, vor allem bei Kindern. Schließlich ist eine solche Vorschrift nur sinnvoll, wenn sie auch eingehalten und überwacht wird. Statt einer strengen Kontrolle sollten die Behörden lieber auf eine gute Aufklärungsarbeit setzen. Gleichzeitig könnte die Infrastruktur für Radfahrer verbessert werden mit eigenen Radwegen und übersichtlichen Regelungen. V

Helme verführen zu mehr Risiko

Mit einem Helm auf dem Kopf könnten sich viele Radfahrer deutlich sicherer und geschützter fühlen. Aus diesem Grund könnte sich deren Risikobereitschaft erhöhen. Dadurch würden aber keine Unfälle vermieden.

7 Leite aus der Grafik M5 weitere Kontra-Argumente für deine Tabelle ab.

M5

Argumente veranschaulichst du mit Beispielen.

8 **a.** Verschaffe dir einen Überblick über die Argumente. Welche Meinung vertrittst du? Schreibe einen Satz auf.

b. Wähle drei Argumente aus, die deine Meinung besonders gut stützen, und gewichte sie, indem du sie nummerierst (vom schwächsten zum stärksten).

9 **a.** Markiere mindestens drei Beispiele im Material zu deinen Argumenten farbig.
b. Vervollständige deine Tabelle. Schreibe die Beispiele in Stichworten neben die Argumente wie im Beispiel. Gib auch hier die Quelle an.

Pro Helmpflicht	Beispiel
Fahrradhelm senkt Risiko einer Kopfverletzung nach Unfall (M3)	Experten sagen, Großteil schwerer Hirnverletzungen werden vermieden; weniger Kopfverletzungen, dies zeigen Untersuchungen in Australien oder USA (M3)

c. Schreibe das Pro-Argument aus der Aufgabe 9b in eigenen Worten in einem vollständigen Satz auf und verknüpfe es durch das Beispiel aus dem Text.

Hervorzuheben ist, dass ein Fahrradhelm

wie beispielsweise Untersuchungen

d. Verknüpfe ein weiteres Argument aus Aufgabe 8b mit einem Beispiel. Schreibe in dein Heft und nutze eine der folgenden Formulierungen.

beispielsweise | zum Beispiel | Das zeigt sich … | Belegt wird dies dadurch, dass …

Gegenargumente entkräftest du. Anna hat ein Argument gegen die Helmpflicht ausgewählt.

Anna: Das Argument, die Frisur gehe durch den Helm kaputt, ist nicht von der Hand zu weisen. Viele Leute fahren mit dem Rad zur Arbeit.

10 **a.** Entkräfte das Argument von Anna mithilfe der Formulierungsbeispiele.

Ich verstehe die Bedenken, dass … | Ich aber denke, dass … | Dennoch …

Es ist richtig, dass

b. Wähle ein weiteres Argument aus, das du entkräften möchtest. Formuliere die Erwiderung. Belege dein Argument mit der Angabe des Materials.

Du nimmst in einem Beitrag für ein Diskussionsforum Stellung zum Thema.

11 **a.** Wie kannst du das Interesse der Leserinnen und Leser wecken?
Lies die folgende **Einleitung**.

Ich fuhr neulich mit dem Fahrrad zur Arbeit. Auf dem Fahrradweg kam mir ein Radfahrer entgegen. Beim Ausweichversuch blieb ich am Bürgersteig hängen und fiel. Mein Fahrradhelm verhinderte, dass ich mich schwerer verletzte.

b. Welcher Tipp wurde hier berücksichtigt? Kreuze an.

- ☐ auf Studien und Experten verweisen
- ☐ persönliche Erfahrungen einbringen
- ☐ ein Zitat / eine Begriffsklärung einbinden
- ☐ Frage(n) formulieren

c. Wähle einen Tipp aus und formuliere eine eigene Einleitung in deinem Heft.

12 Überzeuge deine Leserinnen und Leser im **Hauptteil**.

Schritt 1: Planen

a. Notiere im Schreibplan deine drei Argumente und Beispiele in Stichworten (Aufgabe 8).

b. Trage auch dein gewähltes Gegenargument mit deiner Entkräftung ein (Aufgabe 10).

1. Argument (weniger wichtig): ______________________

Beispiel: ______________________

2. Argument (wichtig): ______________________

Beispiel: ______________________

Gegenargument: ______________________

Entkräftung: ______________________

3. Argument (am wichtigsten): ______________________

Beispiel: ______________________

13 Formuliere in deinem Heft einen **Schluss** und fasse darin deine Meinung in Form einer Schlussfolgerung zusammen. Nutze die Formulierungshilfen.

Deswegen/Deshalb komme ich zu dem Schluss, dass … | *Zusammenfassend meine ich, dass …*

14 **a.** Verfasse nun deinen Beitrag für das Diskussionsforum mithilfe deines Schreibplans. Schreibe in dein Heft und nutze das Wissen kompakt auf der Seite 5.

Schritt 2: Schreiben

b. Überprüfe deinen Beitrag mithilfe folgender Fragen.
- Weckt die Einleitung dein Interesse?
- Sind die Argumente überzeugend formuliert? Sind die Sätze sprachlich verknüpft?
- Bekräftigt die Schlussfolgerung nochmals die vertretene Position?

c. Überarbeite deinen Text. Überprüfe dabei auch die Rechtschreibung, Zeichensetzung und Grammatik.

Schritt 3: Überarbeiten

Nachhaltig in die Zukunft – *schriftlich informieren*

**In diesem Kapitel lese ich verschiedene Texte und Grafiken zum Thema „Umweltschutz und Nachhaltigkeit".
Beim Lesen und Verstehen hilft mir der Lese-Profi.
Der Lese-Profi steht hinten auf der Umschlagseite.**

Anschließend schreibe ich einen informierenden Text für die Projektmappe.

Einen informierenden Text schreiben

Schritt 1: Vor dem Schreiben **Ich plane meinen Text.**	– Ich sammle Informationen aus verschiedenen Texten und Grafiken zum Thema. Ich notiere Stichworte. – Ich wähle wichtige und interessante Informationen für meinen Text aus. – Ich ordne die Informationen. Ich erstelle einen Schreibplan, zum Beispiel mithilfe von Karteikarten, einer Mind-Map oder einer Tabelle. – Ich erkläre Fachbegriffe.
Schritt 2: Beim Schreiben **Ich schreibe und nutze meine Notizen.**	– In der **Einleitung** nenne ich das Thema meines Textes. Ich beginne mit einer interessanten Aussage oder Frage. – Im **Hauptteil** formuliere ich aus meinen Stichworten vollständige Sätze. Ich schreibe sachlich und verständlich. Ich verknüpfe die Informationen, damit die Zusammenhänge verständlich sind. – Zum **Schluss** fasse ich das Wichtigste kurz zusammen und schreibe meine eigenen Gedanken zum Thema auf. – Ich finde nun noch eine **Überschrift**, die zu meinem Text passt. – Unter dem Text notiere ich die Materialien (Quellen), die ich verwendet habe.
Schritt 3: Nach dem Schreiben **Ich überprüfe meinen Text.** **Ich berichtige Fehler.**	– Ich überprüfe meinen Text mithilfe folgender Fragen: • Enthält mein Text interessante Informationen? • Habe ich die Informationen verknüpft? • Können andere meinen Text lesen und verstehen? • Habe ich alle Wörter richtig geschrieben?

Geisternetze Seite 22
Handys richtig entsorgen Seite 28
„Marine Littering" Seite 36

Geisternetze – einen informierenden Text verfassen

In der Projektwoche setzt du dich mit der Frage auseinander: Was sind Geisternetze und warum sind sie gefährlich? Du schreibst einen informierenden Text für die Projektmappe.

1 Lies den Text M 1 mithilfe des Lese-Profis.
a. Sieh dir die Bilder an und lies die Überschrift.
b. Worum könnte es in dem Text gehen? Notiere Stichworte.

▶ Der Lese-Profi, hinten auf der Umschlagseite

2 Lies den Text Abschnitt für Abschnitt.

M 1 Jagd auf Geisternetze

(1) Geisternetze sind leider gar nicht selten. Allein in die Ostsee gelangen jährlich bis zu 10 000 **Teile von Fischernetzen**, weil sie sich **im Sturm losreißen** oder **von Fischerbooten verloren gehen**. Das Tückische: Die **Netze** bestehen meist **aus Plastik** und **halten bis zu 600 Jahre**. So lange sind sie auch **für** die **Tiere** der Meere **gefährlich**, denn sie können sich **in den Netzen verfangen**.

(2) Noch eine Gefahr geht von den Geisternetzen aus. Irgendwann lösen sie sich auf und **setzen Mikroplastikteilchen frei**, die ins Meer gelangen, sagt Florian Hoffmann vom WWF*-Ostseebüro in Stralsund. Diese Teilchen sind höchstens fünf Millimeter groß. Sie werden **von Fischen und anderen Meerestieren gefressen** und können ihnen **schaden**. Und wenn wir Menschen Fisch essen, **landet das Mikroplastik** irgendwann auch **in unserem Magen**.

(3) Höchste Zeit also, die **Geisternetze einzusammeln**. Der WWF hat seit 2013 mehr als 27 Tonnen Netze aus der Ostsee geborgen** – Geisternetze mit einer Länge von insgesamt 135 Kilometern. Zum Einsatz kommen eine sogenannte **Netzegge**, die den Meeresgrund abharkt, sowie **Taucher** an Wracks***. [...] Denn gerade an Wracks bleiben Geisternetze sehr oft hängen.

* World Wide Fund For Nature (WWF): eine weltweite Umweltschutz-Organisation
** geborgen: bergen, hier: vom Meeresgrund hochholen
*** das Wrack: hier: ein beschädigtes Schiff auf dem Meeresgrund

(4) Die geborgenen Geisternetze will der WWF in Containern sammeln. Zusammen mit Recyclingfirmen testet der WWF, wie man die **Geisternetze am besten wiederverwerten** könnte. Erste Ergebnisse machen Mut: Dünne Stell- und Kiemennetze lassen sich wieder **zu Garn spinnen**, dicke Schleppnetze **zu Pellets**** einschmelzen**. Die Garne können in Kleidung oder Rucksäcken zum Einsatz kommen und die Pellets zum Beispiel zu Handyhüllen, Einkaufskisten oder Skateboards verarbeitet werden. V

**** die Pellets: kleine Kugeln aus gepresstem Material, hier aus Plastik

3 Was weißt du über Geisternetze? Kreuze die richtigen Aussagen an.

Geisternetze …
- ☐ sind unheimliche Plastiktüten, die aus dem Meer kommen.
- ☐ sind Teile von Fischernetzen, die im Meer verloren gegangen sind.
- ☐ können gefährlich für Tiere und Menschen sein.
- ☐ lösen sich nach ungefähr sechs Jahren im Meer auf.

4 Welche Gefahren gehen von den Geisternetzen aus?
a. Lies noch einmal die Abschnitte (1) und (2).
b. Notiere die Gefahren in Stichworten.

5 Die Umweltorganisation WWF unternimmt etwas gegen die Netze.
a. Lies noch einmal den Abschnitt (3).
b. Ergänze, wie die Geisternetze aus dem Meer geholt werden.

Der Meeresgrund wird mit einer ____________________ abgeharkt.

Die Netze, die oft an Wracks hängen bleiben, werden

von ____________________ aus dem Wasser geholt.

6 Die Geisternetze lassen sich zu Garn oder zu Pellets verarbeiten.
a. Lies noch einmal den Abschnitt (4).
b. Schreibe auf, wofür man die Garne und die Pellets nutzen kann.

Auch einige Firmen wollen etwas für den Schutz der Meere tun. Die Firma *Bracenet* aus Hamburg zum Beispiel holt die Netze aus dem Meer und verarbeitet sie zu Armbändern oder Schlüsselanhängern.

M2 Interview mit Madeleine, der Gründerin von *Bracenet*

Können Armbänder die Weltmeere retten?

Es mag überraschend klingen, aber ja! Wir befreien die Meere vom Spuk der Geisternetze. [...] Wir arbeiten mit mehreren Organisationen zusammen, die sich für den Meeresschutz einsetzen. Zunächst bergen und reinigen wir die Netze. Danach fertigen wir daraus in Upcycling*-Handarbeit in Hamburg viele neue Produkte an, wie zum Beispiel Armbänder (unsere „Bracenets"), Hundeleinen oder Taschen. Jedes Produkt bedeutet ein Stück Geisternetz weniger im Meer. [...]

Woher bekommt ihr die Geisternetze?

Wir bergen die Geisternetze direkt aus dem Meer. Die Netze gehen zum Beispiel bei Sturm verloren. Sie werden auch absichtlich über Bord geworfen, um die Kosten für die Entsorgung zu sparen oder um Platz für mehr Fischfang zu schaffen. [...] Für die Bergung der Netze arbeiten wir mit anderen zusammen. Die Taucherinnen und Taucher von Ghost Diving** lösen die Geisternetze von Wracks und Riffen*** in bis zu 50 Metern Tiefe und bringen sie an Land. Anschließend werden die Netze sortiert und umweltschonend mit Wasser gereinigt. Ausgediente Netze werden außerdem direkt von Fischereien eingesammelt, damit sie gar nicht erst im Meer landen. Schließlich werden die Netze zu uns nach Hamburg gebracht. [...]

Was konntet ihr bis jetzt mit Bracenet erreichen?

[...] Bisher haben wir über 585 Tonnen Geisternetze geborgen und knapp fünf Tonnen zu neuen Produkten verarbeitet. [...] Wir spenden regelmäßig an unsere Partnerorganisationen, um noch mehr Geisternetze zu bergen und andere Maßnahmen zum Meeresschutz zu unterstützen. Und wir wollen die Menschen aufklären. [...] Als wir 2015 anfingen, wusste kaum jemand über das Problem Bescheid. Mit Bracenet haben wir die Geisternetze in Deutschland bekannt gemacht. [...] V

* das Upcycling: ausgediente und nutzlose Stoffe in neue Produkte umwandeln
** Ghost Diving (engl., Geistertauchen): eine Organisation von weltweit 200 ehrenamtlichen, speziell ausgebildeten Taucherinnen und Tauchern, die nach Geisternetzen tauchen
*** das Riff: eine Erhebung unter Wasser, die zum Beispiel aus Felsen oder Korallen besteht

7 Welche Produkte werden aus den Geisternetzen angefertigt? Schreibe drei Beispiele auf.

8 Woher bekommt *Bracenet* die Geisternetze?

a. Lies noch einmal die Zeilen 10–23.

b. Kreuze die richtigen Antworten an.

☐ Taucherinnen und Taucher holen die Netze aus dem Meer.
☐ *Bracenet* kauft die Netze günstig bei den Fischereien.
☐ Alte Netze werden direkt von den Fischereien eingesammelt.

9 Es ist ein langer Weg, bis aus einem Geisternetz ein Armband wird. Beschreibe den Weg, notiere Stichworte neben den Bildern.
Tipp: Lies noch einmal die Zeilen 4–23 im Interview.

1

2

3

4
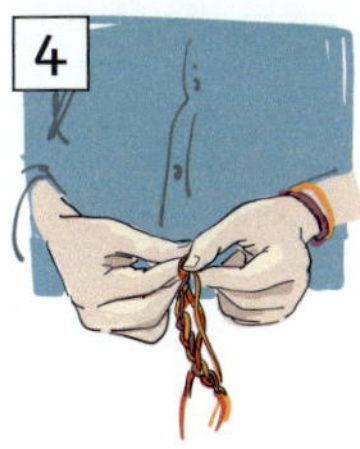

10 *Bracenet* will nicht nur die Armbänder aus Geisternetzen verkaufen. Kreuze an, was die Firma noch erreichen möchte.

Bracenet …
☐ spendet Geld an die Partnerorganisationen, damit weitere Geisternetze geborgen werden können.
☐ möchte den Fischfang in Deutschland verbieten.
☐ unterstützt andere Maßnahmen zum Meeresschutz.
☐ möchte die Menschen über Geisternetze aufklären.

11 Würdest du ein Armband, das aus alten Fischernetzen gemacht wurde, selbst tragen oder verschenken? Schreibe deine Meinung auf und begründe sie.

Die folgende Grafik zeigt, was man weltweit gegen Geisternetze tun kann.

12 a. Was zeigt die Grafik? Schreibe es auf.

b. Notiere die Maßnahmen, die gegen Geisternetze helfen.

Du hast einiges über Geisternetze gelesen. Du sammelst nun die Informationen aus den Materialien und planst deinen informierenden Text.

13 Welche Informationen sind wichtig für deinen Text? Schreibe Stichworte auf die Karten hier und auf Seite 27. Verwende deine Ergebnisse aus den Aufgaben 2 bis 12.

Was sind Geisternetze und warum sind sie gefährlich?	*Wie werden Geisternetze geborgen?*

Wofür kann man die alten Netze verwerten?	*Was lässt sich weltweit gegen Geisternetze tun? (Maßnahmen)*

Du schreibst nun den informierenden Text für die Projektmappe.
Du schreibst den Text am Computer oder in dein Heft.

14 In der **Einleitung** stellst du das Thema vor.
Kreuze die Einleitung an, die für dich am besten passt, und schreibe sie auf.

- ☐ Würdet ihr ein Armband tragen, das aus alten Fischernetzen gemacht wurde? In meinem Text geht es um diese Netze und wie man sie verwertet.
- ☐ Aus den Meeren werden Tonnen von alten Fischernetzen geborgen. In meinem Text werde ich euch die sogenannten Geisternetze vorstellen.

15 Informiere im **Hauptteil** über die Entstehung und die Gefahren von Geisternetzen.
Beschreibe auch, wie man die Netze bergen und wiederverwerten kann.
- Nutze deine Stichworte auf den Karten aus Aufgabe 13.
- Überlege dir eine sinnvolle Reihenfolge.
- Schreibe vollständige Sätze. Schreibe sachlich und verständlich.

Geisternetze entstehen durch … Sie sind gefährlich, weil …
Weltweit versuchen Menschen … Die Firma Bracenet zum Beispiel …

16 Schreibe zum **Schluss** deine eigene Meinung zu dem Thema auf.
Oder erkläre, was du an dem Thema besonders wichtig findest.

Ich meine, dass … / Besonders wichtig finde ich, dass …

17 **a.** Finde eine passende **Überschrift** für deinen Text.
b. Schreibe unter deinen Text alle Materialien (Quellen), die du verwendet hast.
c. Überprüfe deinen Text. Nutze dazu das Wissen kompakt auf der Seite 21. Überarbeite ihn, falls nötig.

Handys richtig entsorgen – einen informierenden Text verfassen

In der Projektwoche zum Thema „Umweltschutz und Nachhaltigkeit" setzt du dich mit der Frage auseinander: Wie entsorgt man alte Handys umweltschonend? Du schreibst einen informierenden Text für die Projektmappe.

1 Lies den Text M1 mithilfe des Lese-Profis.

a. Sieh dir die Bilder an und lies die Überschrift.

b. Worum könnte es in dem Text gehen? Notiere Stichworte.

▶ Der Lese-Profi, hinten auf der Umschlagseite

c. Lies den Text Abschnitt für Abschnitt.

M1 Das Handy entsorgen – Ein Beitrag zum Umweltschutz *Jenny Bernard*

(1) In einem Smartphone stecken rund 60 verschiedene **Rohstoffe**. Ein Großteil – 80 Prozent – lässt sich für neue Produkte **wiederverwerten**. In den Geräten verbergen sich jedoch auch **Schwermetalle** und **Flammschutzmittel**. Sie sind **gesundheitsschädigend**. Daher gehören Handys **nicht in den Restmüll**, sondern **fachgerecht entsorgt**.

(2) Viele Handys landen trotzdem im Müll, berichtet der Naturschutzbund Deutschland (NABU). Doch die meisten ungenutzten Smartphones findet man in Schubladen. Man geht von **200 Millionen Geräten** aus, die in deutschen Haushalten herumliegen und **nicht mehr gebraucht** werden. Sie bilden eine brachliegende* Rohstoffquelle, aus der sich **Material für neue** elektronische **Produkte** gewinnen ließe. Wenn Gold, Silber oder Palladium zurückgewonnen werden, schadet dies der Natur und den Lebensräumen der Tiere viel weniger, als wenn Rohstoffe neu abgebaut werden. Der **Abbau von Rohstoffen** ist immer mit einem massiven **Eingriff in die Natur**, dem **Abholzen von Wäldern** und dem **Einsatz giftiger Chemikalien** verbunden. Bleibt ein aussortiertes Smartphone im **Produktionskreislauf**** erhalten, **schont** das also **die Umwelt**. […]

* brachliegend: ungenutzt
** der Produktionskreislauf: umweltfreundliche Produktion, bei der jedes hergestellte Produkt recycelt und wiederverwendet werden kann

Eine Sammelbox für alte Handys

(3) Wo kann ich mein altes Handy entsorgen?

Der **Recyclinghof** in deiner Nähe nimmt ein aussortiertes Handy entgegen und sorgt für ein **fachgerechtes Recycling** der Rohstoffe.

Du kannst ein altes Smartphone auch bei **Elektronik-Fachgeschäften** und **Netzbetreibern** abgeben. [...]

Dein altes Handy kannst du an einen **Naturschutzverband** oder eine **Hilfsorganisation spenden**. Vielerorts finden sich entsprechende **Sammelboxen**. Du kannst dein Smartphone auch direkt einschicken. Mit dem Erlös*** aus Aufbereitung oder Recycling finanzieren die Organisationen verschiedene Hilfsprojekte. [...]

(4) Was passiert mit dem Smartphone beim Recycling?

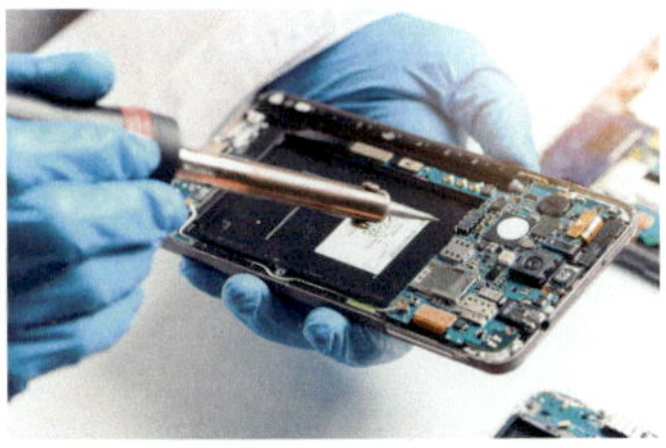

[...] Zunächst **prüfen** die Entsorgungsunternehmen, welchen **Wiederverkaufswert** das Handy besitzt. Denn **je länger** ein Gerät **genutzt** wird, **umso besser** ist dies **für die Umwelt**. Schließlich fallen 75 Prozent der CO_2-Emissionen****, die ein Smartphone während seiner Lebensdauer verursacht, bei der Produktion an. Wenn nötig, werden für einen Wiederverkauf beispielsweise Display und Akku getauscht. Zudem wird das Gerät gründlich gereinigt. Dann gelangt es als ein sogenanntes **refurbished***** Smartphone **zurück in den Handel**.

Ist das aussortierte Handy aber für den Wiederverkauf **ungeeignet**, kommt es **in den Schredder** und wird in seine Einzelteile **zerlegt**. Das klingt brutal. Jedoch können so **Schadstoffe** getrennt und ökologisch einwandfrei **entsorgt** werden. Aus den zermahlenen Bruchstücken lassen sich **Rohstoffe** wie Gold, Silber, Kupfer und Palladium **herausfiltern**. Vor allem gehen diese wertvollen Rohstoffe dann **zurück in den Produktionskreislauf**. Es müssen in den Minen weniger Rohstoffe aus dem Gestein gehauen werden. [...]

Ganz leicht können alle Smartphone-Nutzerinnen und -Nutzer noch einen weiteren Beitrag zum Klimaschutz leisten. Wie? Nutze dein Smartphone einfach länger. [...] V

*** der Erlös: der Gewinn, das Geld
**** die CO_2-Emissionen: der Ausstoß von CO_2 (Kohlendioxid)
***** refurbished (engl.): gebraucht, aber rundum erneuert und geprüft

2 Was weißt du nun über das Entsorgen von Handys?

a. Lies noch einmal den Abschnitt (1) auf der Seite 28.

b. Kreuze die richtige Aussage an.

- ☐ Handys können im normalen Restmüll entsorgt werden.
- ☐ Handys dürfen nicht recycelt werden, weil sie Flammschutzmittel enthalten.
- ☐ Handys sollen fachgerecht entsorgt werden, weil sie gesundheitsschädliche Stoffe enthalten.

3 Viele ungenutzte Handys werden zu Hause aufgehoben. Erkläre, warum es für die Umwelt besser wäre, die Handys zu recyceln.

Geräte, Rohstoffe, Gold, Silber

Die Handys enthalten viele verschiedene ______________________,

wie zum Beispiel ______________________.

Diese könnten für neue elektronische ______________________ genutzt werden.

4 Für die Produktion von Handys benötigt man Rohstoffe. Welche Schäden entstehen, wenn diese Rohstoffe abgebaut werden?

a. Lies noch einmal den Abschnitt (2) auf der Seite 28.

b. Schreibe drei passende Wortgruppen aus dem Text auf.

____

____

____

5 Welche Möglichkeiten gibt es, um alte Handys zu entsorgen?

a. Lies noch einmal den Abschnitt (3) auf der Seite 29.

b. Schreibe Stichworte auf.

____

____

____

c. Was könnte man mit einem ungenutzten Handy noch machen? Schreibe eine eigene Idee auf. Tipp: Du kannst im Internet recherchieren.

____

____

____

Aussortierte Handys können wiederverkauft oder recycelt werden.

6 Wie werden alte Handys für den Wiederverkauf aufbereitet?
Beschrifte die Bilder. Tipp: Lies noch einmal den Abschnitt (4) auf der Seite 29.

1

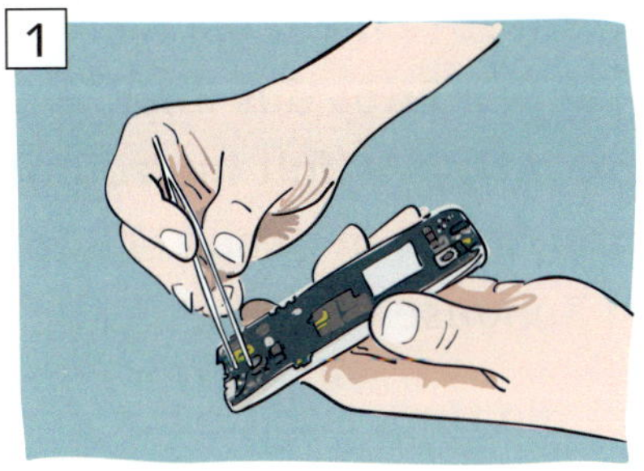

2

3

7 Beim Recycling werden die Handys in Einzelteile zerlegt und geschreddert.
Markiere im Text auf der Seite 29, welche Rohstoffe wiederverwertet werden.

8 Erkläre, was mit der folgenden Textstelle gemeint ist.
„Bleibt ein aussortiertes Smartphone im Produktionskreislauf erhalten, schont das also die Umwelt." (Text M1, Seite 28, Zeilen 19–20)

9 Schreibe nun wichtige Informationen aus dem Text M1 auf die Karten.
Die Stichworte nutzt du später für deinen eigenen Text.

Warum das Entsorgen von Handys die Umwelt schont:	die Möglichkeiten zum Entsorgen von Handys:
– enthalten Schwermetalle	– zum Recyclinghof bringen

**Einige Organisationen sammeln alte Handys für den Umweltschutz.
Du liest über ein Projekt der Deutschen Umwelthilfe (DUH).**

M2 Dein Handy der Natur zuliebe spenden

Eine Sammelbox für alte Handys

Die Deutsche Umwelthilfe (DUH) sorgt sich um die heimische Flora und Fauna*. Daher steckt sie den Erlös aus ihrer Handysammlung in den Schutz der Artenvielfalt hierzulande. Die DUH richtet Kulturlandschaften** ein, in denen Wildbienen, Vögel und bedrohte Tierarten ein Zuhause finden.

Für ihre Handysammlung arbeitet die Umwelthilfe mit dem Kölner Rücknahmesystem *Mobile-Box* zusammen. Die Expertinnen und Experten für Entsorgung prüfen jedes gespendete Handy darauf, ob es sich wiederverkaufen lässt. In dem Fall bereitet das Unternehmen das Gerät auf. Eignet sich das Handy nicht mehr für den Wiederverkauf, werden Gold, Silber, Kupfer und Palladium zurückgewonnen.

Möchtest du dein altes Handy für die DUH-Projekte spenden, gibt es drei Möglichkeiten:

- Aussortierte Geräte schickst du direkt an die Deutsche Umwelthilfe. Du kannst bis zu zwei Handys in einen gepolsterten Briefumschlag stecken.
- Alternativ kannst du dein ungenutztes Smartphone direkt bei *Mobile-Box* abgeben.
- Du kannst aber auch Sammelpartnerin oder Sammelpartner werden. Dafür schickt dir die Umwelthilfe eine Sammelbox zu. V

* Flora und Fauna: die Pflanzenwelt und Tierwelt
** die Kulturlandschaft: hier: eine vom Menschen umgestaltete Naturlandschaft

10 Wofür setzt die Deutsche Umwelthilfe (DUH) den Erlös aus der Handysammlung ein? Kreuze die richtigen Antworten an.

Der Erlös wird eingesetzt für …
- ☐ den Schutz der Artenvielfalt.
- ☐ das Einrichten von Kulturlandschaften.
- ☐ den Einkauf von Gold, Silber und Kupfer.
- ☐ Wildbienen, Vögel und bedrohte Tierarten.
- ☐ die Produktion von Handys.

11 Markiere im Text M2, wie bei der DUH die Handys gesammelt werden.

Auch der NABU (Naturschutzbund) sammelt aussortierte Handys. Die Grafik zeigt, was damit gemacht wird.

M 3

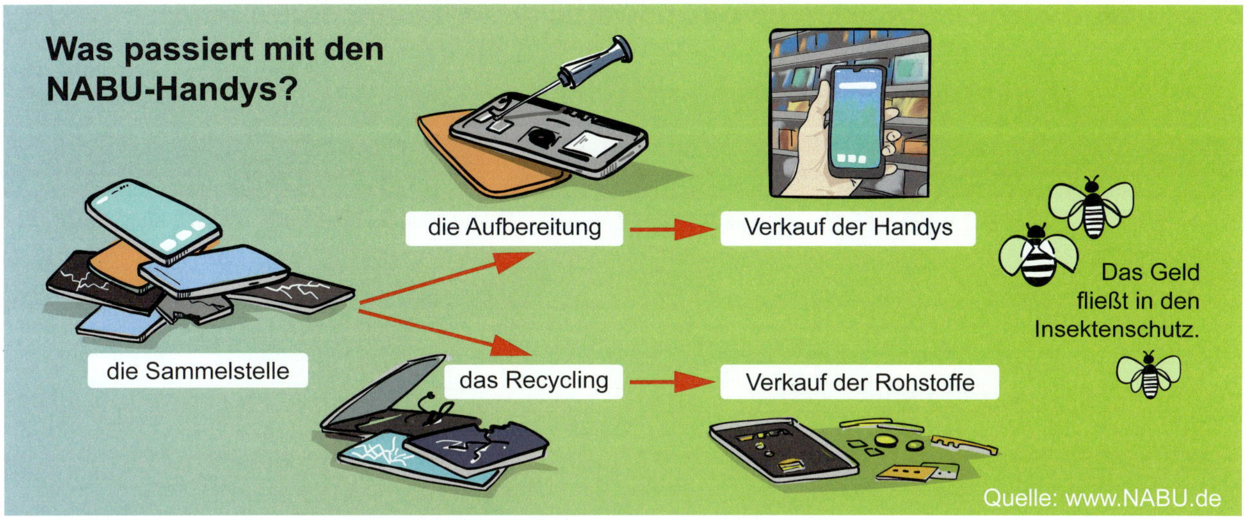

12 a. Lies die Grafik M3 genau.
b. Beantworte folgende Fragen in Stichworten:

– Was passiert mit den Handys aus der Sammelstelle?

– Wofür setzt der NABU das Geld ein?

13 Schreibe wichtige Informationen aus dem Text M2 und der Grafik M3 auf die Karten. Die Stichworte nutzt du für deinen eigenen Text.

die Spende an Umweltorganisationen:

– Sammelboxen von DUH und NABU

die Aufbereitung:

das Recycling:

Du hast einiges über das Entsorgen und Wiederverwerten von alten Handys gelesen. Du siehst dir deine Informationen noch einmal an und planst deinen Text.

14 Erstelle einen **Schreibplan**, indem du deine Informationen ordnest. Überlege dir eine passende Reihenfolge für deinen Text. Nummeriere deine Karten von 1 bis 5.

Schritt 1: Planen

- ☐ *Warum das Entsorgen von Handys die Umwelt schont:*
- ☐ *die Möglichkeiten zum Entsorgen von Handys:*
- ☐ *das Recycling:*
- ☐ *die Aufbereitung:*
- ☐ *die Spende an Umweltorganisationen:*

15 Für das Thema sind einige **Fachbegriffe** wichtig. Wähle zwei Fachbegriffe aus und schreibe sie mit einer Erklärung auf.

der Produktionskreislauf | *die Rohstoffe* | *das Recycling* | *refurbished*

16 In deinem Text verknüpfst du die Informationen, damit die Zusammenhänge verständlich sind. Verbinde je zwei Sätze durch eine Linie.

Der Abbau von Rohstoffen in den Minen zerstört die Natur.	**Trotzdem** landen immer noch zu viele Gräte im Restmüll.
Es gibt mehrere Möglichkeiten, alte Handys umweltschonend zu entsorgen.	**Auch** der NABU sammelt Handys und nutzt den Erlös für den Umweltschutz.
Die Deutsche Umwelthilfe bietet Sammelboxen für aussortierte Handys an.	**Deshalb** ist es wichtig, möglichst viele Rohstoffe zu recyceln.

Du schreibst nun deinen informierenden Text für eure Projektmappe.
Du schreibst den Text am Computer oder in dein Heft.

Schritt 2: Schreiben

17 Schreibe die **Einleitung**. Stelle das Thema kurz vor und wecke das Interesse der Leserinnen und Leser. Beginne mit einer interessanten Aussage oder Frage. Du kannst aus den Wortgruppen auswählen.

Handys enthalten zum Beispiel Gold und Silber | *Millionen Handys liegen ungenutzt herum* | *eine Sammelbox für Handys in unserer Schule*

18 Schreibe den **Hauptteil**. Informiere über das Entsorgen von alten Handys und wie dadurch die Umwelt geschont werden kann. Schreibe auch über Handy-Spenden an Organisationen.

– Nutze als Schreibplan deine nummerierten Karten aus Aufgabe 14.
– Erkläre wichtige Fachbegriffe.
– Schreibe vollständige Sätze. Schreibe sachlich und verständlich.
– Verknüpfe die Informationen miteinander.

Handys und Smartphones enthalten …, aber auch …
Deshalb ist es für den Schutz der Umwelt wichtig, …
Für das Entsorgen gibt es mehrere Möglichkeiten: …
Einige Organisationen sammeln … Dazu versenden sie …
Eine Handy-Spende ist doppelt gut, weil …

auch, außerdem, dadurch, daher, dazu, deshalb, trotzdem, dennoch, aber

19 Fasse zum **Schluss** das Wichtigste noch einmal kurz zusammen und erkläre, was du an dem Thema besonders interessant findest.

Zusammenfassend kann man sagen, dass …
Besonders interessant finde ich …

20 **a.** Finde eine passende **Überschrift** für deinen Text.
b. Schreibe unter deinen Text alle Materialien (Quellen), die du verwendet hast.

Ich habe die Materialien M1, … benutzt.

Schritt 3: Überarbeiten

21 Überprüfe deinen Text. Nutze dazu das Wissen kompakt auf der Seite 21. Überprüfe auch die Rechtschreibung, Zeichensetzung und Grammatik. Überarbeite den Text, falls nötig.

„Marine Littering" – schriftlich informieren

Im Rahmen einer Projektwoche zum Thema „Umweltschutz und Nachhaltigkeit" erstellt deine Klasse eine Projektmappe. Du schreibst einen informierenden Text über Projekte zur Bekämpfung des „Marine Littering" und nutzt die folgenden Materialien.

1 Welche Informationen über die Verschmutzung der Weltmeere, das sogenannte „Marine Littering", und seine Bekämpfung enthalten die Materialien M1 bis M4?

a. Lies die Texte und sieh dir die Grafiken an.

b. Bearbeite jeweils die Aufgaben zu den Materialien. Kläre unbekannte Begriffe.

c. Sammle die Informationen aus den Materialien. Lege dazu eine Tabelle in deinem Heft an und lasse ausreichend Platz für Ergänzungen.

Material	Kernaussagen (wichtige Informationen)	wichtige Fachbegriffe und ihre Bedeutung	aussagekräftige Zitate
M1	…		… (Z. …)

M1 One Earth – One Ocean (oeoo)

„Marine Littering", also die Verschmutzung der Weltmeere, Flüsse und Seen, gefährdet die darin lebenden Organismen und ist eine der größten Herausforderungen für unsere globale Gesellschaft. […] Schreitet die Verschmutzung im derzeitigen Tempo weiter voran, werden die Meere in wenigen Jahren vollständig vermüllt sein. Aktuellen Studien der UN zufolge sollen bis zum Jahre 2050 mehr Plastikteile als Fische in unseren Meeren schwimmen. […]
Über die schleichende Einwirkung auf die Nahrungskette bedrohen kleinste Plastikbestandteile und ihre Inhaltsstoffe (z. B. Weichmacher) Mensch und Tier. Die Auswirkungen auf die Gesundheit des Menschen sind noch gar nicht vollständig erforscht. […] Neben gesundheitlichen Bedrohungen für Mensch und Tier hat der Müll auch ökonomische Folgen: Tourismus ist bedroht, da Strände verschmutzt sind, Fischer kämpfen mit Plastikmüll in ihren Netzen, Müll verfängt sich in Schiffsschrauben, Kühlwassersystemen und Entsalzungsanlagen. Plastik im Meer verschwindet nicht einfach, sondern hat eine Lebensdauer von bis zu 500 Jahren. Je länger Plastik in den Ozeanen treibt, desto stärker zerkleinert es sich durch Reibung, Salzwasser und UV-Strahlung in immer kleinere Fragmente (Mikroplastik). […] Mikroplastik kann mit heutigen Mitteln kaum mehr aus der Natur entfernt werden. Zudem bindet es Mikroorganismen und Schadstoffe. […]
Mit der Maritimen Müllabfuhr hat One Earth – One Ocean e.V. (oeoo) ein umfassendes und dabei pragmatisches Konzept zur Sammlung und nachhaltigen Verwertung von Meeresmüll entwickelt. oeoo zeigt damit einen bereits vielfach erprobten Lösungsansatz für eines der größten globalen Umweltprobleme auf. Denn Plastikmüll aus dem Meer ist ein Wertstoff.

Das Konzept sieht vor, Plastik mit speziellen Müllsammelschiffen in Küstenbereichen und Mündungsgebieten einzusammeln, sortenrein zu sortieren und aufzubereiten. Neben sortenreinen Kunststoffballen, die wieder dem Recycling zugeführt werden können, sollen zu einem späteren Zeitpunkt auch Energie und Kraftstoff aus dem Plastikmüll gewonnen werden. Die Maritime Müllabfuhr umfasst zwei unterschiedlich große Müllsammelschiffe, den SeeHamster für den Einsatz auf Binnengewässern sowie die SeeKuh (bzw. den Circular Explorer) in küstennahen Regionen auf Meeren, die teilweise durch moderne Wind- und Solartechnologien angetrieben werden. In einigen Jahren sollen sie sogar selbstständig Plastikmüll aus den Gewässern sammeln. Der Plastikmüll auf See wird schließlich zum Müllverwertungsschiff SeeElefant gebracht und dort recycelt bzw. in schwefelfreies Heizöl verwandelt. V

2 **a.** Erkläre mithilfe der Informationen aus M1 kurz in deinen Worten, was „Marine Littering" ist. Halte die Informationen in deiner Tabelle fest.
b. Notiere in Stichworten in der Tabelle Antworten auf folgende Fragen:
- Welche Folgen hat „Marine Littering" für Mensch und Tier?
- Welche Auswirkungen auf die Wirtschaft werden im Text genannt?

c. Welches Lösungskonzept bietet One Earth – One Ocean (oeoo) zur Beseitigung und Wiederverwertung des Mülls an? Erläutere das Konzept.

M2 Unser Meer – beeindruckend und bedroht (Ausschnitt)

3 Erschließe die Informationen der Grafik und notiere sie in der Tabelle.
a. Beschreibe das Problem mit dem in die Weltmeere gelangenden Plastikmüll.
b. Notiere dir die Lösungsansätze zur Verringerung des Plastikmülls.

4 Setze die Grafik M2 in Bezug zum Sachtext M1.
a. Lies noch einmal die Zeilen 18 bis 21 im Sachtext nach.
b. Beschreibe in deinem Heft, inwieweit diese Informationen im Sachtext durch die Informationen in der Grafik näher erläutert werden.
c. Ergänze deine Tabelle. Erkläre dabei auch die Bedeutung des Begriffs „Mikroplastik".

M3 Saugstarke Recyclingidee: Wieso Friseure Haare für den Umweltschutz sammeln *Jörn Perske*

Öl, Benzin oder auch Sonnenmilchreste verschmutzen die Meere. Etliche Friseure weltweit wollen dabei nicht tatenlos zusehen. Tausende spenden die Haarabfälle aus ihren Salons, um daraus saugfähige Filter herstellen zu lassen – auch Friseure in Hessen.

Im Friseursalon abgeschnittene Haare sind viel zu schade, um sie achtlos in den Müll zu werfen. Diese Erkenntnis hat auch Katja Fischer gewonnen. Im Salon der Friseurmeisterin in Neuenstein (Hersfeld-Rotenburg) landen die Haare nicht im Abfall, nachdem sie auf den Boden gefallen sind. Fischer packt sie in eine Papiertüte. Und die wird, wenn sie prall gefüllt ist, auf eine weite Reise geschickt. Ihre Mission: mit kleinen Mitteln einen großen Beitrag leisten, um die verschmutzten Weltmeere zu reinigen.
„Haare sind kostbares Material", hat Fischer herausgefunden. Denn ein Kilogramm Haare filtert bis zu acht Liter Öl oder andere Schadstoffe aus dem Wasser. Und deswegen schickt sie die große Papiertüte mit Friseur-Überresten zu ihrem Berufskollegen Thierry Gras. Der französische Friseur und passionierte[1] Umweltaktivist gründete 2015 die Organisation *Coiffeurs justes*, also die „fairen Friseure". [...] Etwa 3 400 Mitglieder haben sich bereits angeschlossen, darunter rund drei Dutzend in Deutschland. [...] Und sie alle senden die gesammelten Haare zu Gras nach Südfrankreich. Dort werden sie in Ölfilter verwandelt: Langzeitarbeitslose stopfen die Haare in ausgediente, besonders reißfeste orthopädische oder Nylon-strümpfe. Diese werden mit Korken für den Auftrieb versehen und zu langen Haar-Strumpf-Ketten verbunden. So entstehen schwimmende und saugfähige Ölsperren. Die Ölsperren können vielfältig verwendet werden; zum Beispiel in Hafenbecken, wo sich ausgelaufene Betriebsstoffe von Motorbooten sammeln. Oder auch an stark besuchten Strandabschnitten, wo die Sonnencreme der Badegäste ins Meer gelangt. [...]
Im großen Maßstab können sie aber auch bei Umweltkatastrophen zum Rettungseinsatz kommen. Naturschützer Gras transportierte bereits 20 Tonnen Haare nach Mauritius. Vor der Küste der Insel östlich von Afrika ereignete sich im Sommer 2020 ein Tanker-Unglück, 1 000 Tonnen Öl liefen aus. Um die Ausbreitung dieser bedrohlichen Schmiere zu begrenzen und aus dem Wasser aufzunehmen, wurden unter anderem auch die wulstigen Haar-Strumpf-Ketten aus Südfrankreich verwendet – womöglich auch angesichts anderer technischer Alternativen, die nicht überall zur Verfügung stehen. Gewöhnlich nutzen Experten beim Eindämmen solcher Unfälle Maschinen, mit denen sie das Öl von der Wasseroberfläche absaugen, erklärt Michael Walsdorf. Er ist Sprecher im auch für Hessen zuständigen Landesverband des Technischen Hilfswerks (THW) in Mainz. Wo der Wellengang nicht so stark sei, etwa in Strand- und Küstennähe, könne er sich auch die alternative Verwendung der Haarfilter vorstellen. „Vom ökologischen Gedanken her eine tolle Idee, dass Haare eine weitere sinnvolle Verwendung finden", sagt Walsdorf. [...] Die Haar-Strumpf-Filter lassen sich auch reinigen und

wiederverwenden. Bis zu achtmal, wie Umweltaktivist Gras herausgefunden hat. Und wenn die Haare auch dafür nicht mehr taugen und ihre Saugkraft verloren haben, dann könne man sie als Dämmmaterial verwenden. Geld bekommt Fischer übrigens nicht für ihre Haar-Spenden, wie sie anmerkt. Im Gegenteil: Es kostet sie Geld: den Mitgliedsbeitrag bei der Organisation, das Geld für die Papiertüten und das Porto für den Versand. „Aber das ist es mir wert", betont sie. […] Denn pro Jahr würden etliche Tonnen Haar-Reste von den mehr als 80 000 Friseursalons hierzulande im Müll entsorgt. V

5 Erschließe die Informationen aus dem Sachtext M3.

a. Markiere die Antworten auf die folgenden Fragen im Text.
- Welche Erkenntnisse aus ihrem Berufsalltag führten Friseurin Katja Fischer zu ihrem Umweltprojekt?
- Welchen nachhaltigen Nutzen können Haar-Reste für die Umwelt haben?

b. Halte deine Ergebnisse in der Tabelle fest.

M4 Ein Experiment

6 **a.** Beschreibe den Ablauf und das Ergebnis des Experiments mithilfe der Bilderfolge. Notiere Stichworte in deiner Tabelle.

b. Erläutere in einem Satz in deinem Heft, inwieweit M4 den Sachtext M3 veranschaulicht.

Du nutzt die Informationen aus den Materialien für deinen informierenden Text. Dabei arbeitest du mit wörtlichen Zitaten und Textbelegen.

7 **a.** Eine Aussage aus M3 wird hier in gekürzter Form wörtlich zitiert und in den informierenden Text integriert. Ergänze die passende Zeilenangabe.

Michael Walsdorf bezeichnete es als „eine tolle Idee, dass Haare eine weitere sinnvolle Verwendung finden" (M3, Z. ________ bis ________).

b. In M3 sind zwei weitere Aussagen markiert. Gib die Aussagen als Zitate oder Textbelege wieder. Ergänze die Sätze.
Tipp: Denke an die Quellenangabe in Klammern dahinter.

Gras erkannte, dass sich Haar-Strumpf-Filter ______________________________

____

Fischer betont, dass sie für ihre „Haar-Spenden" ______________________________

____

Mithilfe eines Schreibplans ordnest du deine Informationen und stellst Zusammenhänge zwischen ihnen her.

Schritt 1: Planen

8 Verschaffte dir einen Überblick über die Informationen in der Tabelle.
a. Unterstreiche Informationen, die du für deinen informierenden Text nutzen möchtest, und nutze eine Farbe für zusammenhängende Informationen.
b. Markiere Fachbegriffe, die du in deinem Text verwenden möchtest.
c. Markiere aussagekräftige Textstellen, die du als wörtliche Zitate oder Textbelege in deinen Text einbinden möchtest.

9 Ordne deine ausgewählten Informationen in Form eines Schreibplans.
a. Wähle aus: Lege Karteikarten an oder erstelle eine tabellarische Gliederung.
b. Orientiere dich an den folgenden Oberbegriffen oder finde eigene.
c. Überlege, in welcher Reihenfolge du deine Leserinnen und Leser informieren möchtest. Nummeriere die Karteikarten oder die Oberbegriffe deiner tabellarischen Gliederung entsprechend.

Was ist „Marine Littering"? | Folgen für Mensch und Tier | Folgen für die Wirtschaft | Lösungen zur Bekämpfung der Meeresverschmutzung

1 Was ist „Marine Littering"?
2 Folgen der Meeresverschmutzung
2.1 für Mensch und Tier
2.2 für die Wirtschaft
3 Lösungen zur Bekämpfung der Meeresverschmutzung
3.1 One Earth – One Ocean
3.2 …

▶ Karteikarten als Schreibplan, S. 34

Du schreibst nun deinen informierenden Text mit dem PC oder im Heft.

Schritt 2: Schreiben

10 Schreibe nun mithilfe deines Schreibplans deinen informierenden Text.
a. Schreibe eine **Einleitung**: Benenne darin das Thema deines Textes und wecke das Interesse deiner Mitschülerinnen und Mitschüler.
Tipp: Du kannst mit einem bemerkenswerten Detail oder einer Frage einsteigen.
b. Schreibe den **Hauptteil**:
- Schreibe sachlich und im Präsens.
- Beachte dabei die von dir gewählte Reihenfolge der Informationen.
- Gliedere deinen Text durch Zwischenüberschriften und füge Absätze ein.
- Verdeutliche Zusammenhänge mit passenden Satzanfängen und Konjunktionen.
- Ergänze deinen Text durch mindestens zwei Zitate oder Textbelege (s. Aufgabe 7).

c. Fasse zum **Schluss** die wichtigsten Informationen in einem Fazit zusammen.
Tipp: Du kannst aufschreiben, was dich am meisten beeindruckt oder zum Nachdenken gebracht hat und was du persönlich denkst.
d. Überlege dir eine **Überschrift**, die neugierig macht.
e. Gib unter deinem Text alle verwendeten **Quellen** (Materialien) an.

Schritt 3: Überarbeiten

11 Überarbeite deinen Text. Nutze dazu das Wissen kompakt auf der Seite 21. Überprüfe dabei auch die Rechtschreibung, Zeichensetzung und Grammatik.

In Gefahr – *aus der Sicht einer literarischen Figur schreiben*

In diesem Kapitel lese ich Ausschnitte aus einem Jugendbuch.
Ich lese etwas über die Hauptfigur, die sich in einer gefährlichen Situation befindet.

Die Handlungsbausteine helfen mir, das Jugendbuch zu verstehen.

Die Handlungsbausteine	Die Fragen
die Figuren und die Situation	– Wer ist die Hauptfigur? – In welcher Situation befindet sich diese Figur? – Wie geht es ihr?
der Wunsch	– Welchen Wunsch hat die Hauptfigur?
das Hindernis / das Problem	– Auf welche Hindernisse stößt die Hauptfigur? – Welches Problem hat sie?
die Reaktion / der Lösungsweg	– Wie reagiert die Hauptfigur? – Welche Lösung findet sie für das Problem?
das Ende	– Wie endet der Buchausschnitt?

Arbeitstechnik

Aus der Sicht einer literarischen Figur schreiben
Ich versetze mich in die Lage der Figur. Ich überlege:
- In welcher Situation befindet sich die Figur?
- Welche Gefühle und Gedanken hat die Figur?
- Welche Wünsche hat die Figur? Was möchte sie tun?

Ich schreibe Stichworte auf.

Ich verfasse einen Text aus der Sicht der Figur.
Es kann zum Beispiel ein Brief, ein Eintrag ins Notizbuch oder ein Gespräch mit einer anderen Figur sein:
- Ich schreibe in der Ich-Form.
- Ich verwende eine Sprache, die zu der Figur / den Figuren passt.
- Ich kann Ausrufe machen und Fragen stellen.
- Ich darf kurze, unvollständige Sätze schreiben und Gedankensprünge einbauen.

Allein auf dem Meer – einen Jugendbuchausschnitt lesen, aus der Sicht einer Figur schreiben

Bill segelt mit einer Jugendgruppe an der Küste von Marokko. Doch im Sturm geht das Segelschiff unter. Bill schafft es nicht mehr auf das Rettungsfloß. Er rettet sich in ein kleines Ruderboot und treibt nun auf dem Meer.

1 Sieh dir das Bild an und lies, was Bill erzählt.

▶ Der Lese-Profi, hinten auf der Umschlagseite

Allein auf dem Meer *Chris Vick*

Ich wachte auf.
Es hatte tiefe Dunkelheit geherrscht, jetzt **blendete das Licht**.
Die **Welt** war in Aufruhr gewesen, jetzt **war** sie **still**.
Die Sonne ging auf. Zunächst wollte ich ihre Hitze, um mich zu trocknen, zu wärmen. Doch als die **Sonne** höher stieg, wurde es **unangenehm, bald quälend**. Um Schatten zu haben, **versteckte ich mich unter meiner Windjacke** und lernte in den nächsten Minuten und Stunden, die Sonne zu hassen. Herrscherin über diese neue Welt.

So ging es **drei Tage**. Da war flaches, glasiges Blau, im Norden, Süden, Osten und Westen. Keine Vögel, kein Fisch, der aus dem Wasser sprang, kein Wind oder Seegang, keine Wolken.
Ich dachte und dachte und schrieb in mein Notizbuch:

Dies ist kein Ort. Dies ist Nirgendwo.
Ich bin 15. Ob ich noch 16 werde, weiß ich nicht.
Ich bin allein in einem Ruderboot, auf dem Atlantik.

Die *Pandora**, Wilko, Sam, Pete, Dan und der Rest der Crew**. Sie waren **nur noch Erinnerungen**. Mum, Dad***, England, Fernseher, Sportschuhe, Bäume, Schmetterlinge.
All das war nicht mehr Wirklichkeit.
Die Sonne, die Hitze. Das war wirklich.
In der einen Minute war ich **voller Angst**, in der nächsten hundertprozentig **sicher**, dass ich **bald gerettet** würde. Grundlos wechselte ich von dem einen in den anderen Zustand über.
Ich sprang auf, schrie und winkte um Hilfe.

* *Pandora*: der Name des Segelschiffs
** die Crew: die Mannschaft auf dem Schiff
*** Mum, Dad (engl.): Mama, Papa

Ich hockte da, die Arme um die Knie geschlungen, mich wiegend. [...] Wenn ich nicht **mit meinem Ruder paddelte**, **hielt** ich **Ausschau** und **horchte** auf ein Boot oder ein Flugzeug. Im Stauraum fand ich eine Schnur und einen Haken. Ich **versuchte zu angeln**, mit Thunfischstückchen und gebackenen Bohnen als Köder. Aber der „Köder" wurde im Wasser zu Brei. Ich hielt wieder Ausschau nach Flugzeugen. Aber da war nichts. Und das blieb auch so, Stunde für Stunde, Tag für Tag. V

2 Der Ich-Erzähler Bill ist die Hauptfigur in dem Jugendbuch. Was weißt du über Bill? Kreuze die richtigen Antworten an.

Bill ist …	☐ 15 Jahr alt.	☐ 16 Jahr alt.
Er kommt …	☐ aus Marokko.	☐ aus England.
Er macht sich Notizen …	☐ in sein Handy.	☐ in sein Notizbuch.

3 Bill befindet sich in einer außergewöhnlichen Situation. Lies die folgenden Aussagen. Streiche durch, was nicht zutrifft.

Bill treibt schon *seit Tagen / seit Wochen* allein auf dem Meer.
Die Sonne *bleibt angenehm warm / wird quälend heiß*.
Bill *denkt an seine Eltern / denkt an gar nichts mehr.*

4 Wie fühlt sich Bill allein in dem Boot?

a. Lies noch einmal die Zeilen 22 bis 27.

b. Beschreibe seine wechselnden Gefühle.

In einem Moment ______________________.

Im nächsten Moment ______________________.

5 Bill unternimmt einiges, um seine Situation zu verbessern.

a. Lies noch einmal das Ende des Textausschnitts.

b. Schreibe in Stichworten auf, was Bill tut.

paddelt mit dem Ruder, ______________________

____

6 Stell dir vor, du wärst allein in dem Ruderboot. Was würdest du denken? Schreibe einen Gedanken auf.

____

____

Bill fragt sich, ob er überleben kann und ob jemand ihn finden wird.

[…] Im Sturm hatten der Himmel und das Meer versucht, mich zu töten. Jetzt dachte ich: Sie versuchen es immer noch, bloß langsamer. Ich hatte dieses **Bild in meinem Kopf**: das Boot, wie es an Land trieb. **Ein Skelett** in zerlumpten **Shorts** und einem zerfetzten **T-Shirt** mit einer dämlichen Comic-Ente drauf. Vögel hatten sich mein Fleisch gepickt, die Sonne hatte meine Knochen gebleicht. Erst können sie mein Skelett nicht identifizieren****, dann **finden** sie in der Tüte, die meine Fingerknochen umklammern, **mein Notizbuch**.

Ich versuchte, nicht daran zu denken. Aber ich konnte nicht anders. Es gab nichts, das mich hätte ablenken können. Da waren **bloß das Meer und ich** und ein paar Konserven, drei Plastikflaschen (zwei davon leer, eine jetzt nur noch halb voll) ein Notizbuch und ein Stift, ein Messer. Ich machte Notizen. Ich hoffte, dass ich sie eines Tages lesen würde. Aber ich wusste, dass es vielleicht nicht so kommen würde. Würde irgendjemand das lesen? […]

Am dritten Tag sah ich einen **Punkt am Horizont**. Einen verschwommenen schwarzen Stern, mal in Sicht und dann wieder nicht. Die Sonne knallte dermaßen aufs Wasser ein, dass der Horizont flirrte. Ich musste die Augen zusammenkneifen, damit ich den Punkt überhaupt sah. Ich konnte nicht mal sagen, ob es ihn wirklich gab oder mein Verstand mir einen Streich spielte. Ich paddelte darauf zu mit meinem verbliebenen Ruder. Was hätte ich auch sonst tun sollen? V

**** identifizieren: hier: eine Person eindeutig wiedererkennen

7 Bill hat ein Bild im Kopf, wie sein Boot an Land treibt.

a. Markiere im Text, wie Bill sich selbst dabei beschreibt.

b. Was stellt sich Bill vor? Kreuze an.

Er stellt sich vor, …

- ☐ dass er sich auf eine Insel rettet und dort gefunden wird.
- ☐ dass er stirbt und das Boot mit seinem Skelett gefunden wird.

8 Warum ist das Notizbuch für Bill wichtig? Erkläre es.

Bills Situation ändert sich, als er in der Ferne einen Punkt sieht.

9 a. Markiere im Text auf der Seite 44, wie Bill diesen Punkt beschreibt.
b. Was könnte dieser Punkt sein? Schreibe Bills Gedanken dazu auf.

Bill schöpft wieder etwas Hoffnung. Er schreibt in sein Notizbuch.
Du versetzt dich in Bill hinein und schreibst aus seiner Sicht.

10 Bill möchte einen Brief an seine Eltern schreiben.
Plane den Brief. Notiere Stichworte zu den Fragen:
- Was berichtet Bill seinen Eltern?
- Über welche Gefühle schreibt er?

meine Situation:	meine Angst / meine Hoffnung:
– bin allein im Ruderboot	– weiß nicht, ob ich gerettet werde

11 Schreibe den Brief aus Bills Sicht.
- Verwende deine Stichworte aus Aufgabe 10.
- Schreibe in der Ich-Form und in vollständigen Sätzen.
- Schreibe so, dass es zu Bill passt.
- Beende den Brief mit einem passenden Gruß.

▶ Wissen kompakt, S. 41

Liebe Mum, lieber Dad,
seit drei Tagen bin ich allein im Ruderboot. Es ist schrecklich. …

Allein auf dem Meer – einen Jugendbuchausschnitt lesen, aus der Sicht einer Figur schreiben

Der 15-jährige Bill aus England treibt in einem Ruderboot auf dem Meer. Das Schiff, auf dem er vorher war, ist im Sturm untergangen. Nach einigen Tagen rettet Bill das Mädchen Aya, die auch in den Sturm geraten war. Aya kommt aus Marokko. Nun kämpfen die Jugendlichen gemeinsam um ihr Überleben. Dann taucht neben ihrem Boot eine Schildkröte auf.

1 Bill und Aya sind allein in dem Ruderboot.

a. Lies den Einleitungstext oben. Sieh dir das Bild unten an.

b. Überlege, was in dieser Sitution das Wichtigste für die beiden ist. Notiere Stichworte.

2 Lies, was der Ich-Erzähler Bill erzählt.

▶ Der Lese-Profi, hinten auf der Umschlagseite

Allein auf dem Meer *Chris Vick*

[…] Eine Schildkröte, einen Meter lang. Aber am Ende doch nicht so groß wie das Boot. Ihr Dinosaurierkopf wippte auf und ab. Ihr horniges Maul klaffte auf und schloss sich wieder. Ihr Panzer war gesprenkelt, schmutzig grün und schwarz. In der Tiefe war sie ein Schatten gewesen. So sehr hatte sie sich an ein Leben im Meer angepasst. **Ich legte das Ruder nieder und beobachtete**, wie sie neben uns schwamm. Ich traute mich kaum, mich zu bewegen, damit ich sie nicht verscheuchte. Nach Tagen der blauen Wüste **kam sie mir wie ein Wunder vor**.

„Sie überholt uns nicht", sagte ich. „Das heißt, wir treiben." Die Schildkröte schwamm stetig neben uns. Wir trieben mit einer Strömung, von der wir nicht einmal wussten, dass es sie gab. **Ich überprüfte den Stand der Sonne.** Steil über uns. „Na ja", sagte ich, „wo immer es uns hintreibt, Mister Schildkröte ist bei uns. He, Mister Schildkröte." Wagemutig streckte ich meine Hand aus und **versuchte, die Schildkröte zu streicheln**. Aber sie brachte sich mit einem leichten Schlenker außer Reichweite.

Aya beobachtete sie **mit einem stechenden Blick**, die **Stirn in tiefe Falten** gelegt.

„Irre, oder?“, sagte ich.

Sie nickte. Dann ging sie zum Stauraum und holte die Angelschnur hervor. Sie nahm das Messer, schnitt den Haken von der Schnur und gab ihn mir. Ich wickelte ihn in ein Stück Papier aus dem Notizbuch und steckte ihn tief in die Tasche.

„Was hast du vor?“, fragte ich. [...] V

Bill und Aya sind die Hauptfiguren in dem Jugendbuch.
Bill ist der Ich-Erzähler, er erzählt die Erlebnisse aus seiner Sicht.

3 Bill beobachtet die Schildkröte.

a. Wie reagiert er auf das Tier? Kreuze an, was zutrifft.

Bill ...

- ☐ hat Angst vor der Schildkröte.
- ☐ ist beeindruckt von dem Tier.
- ☐ will sich mit der Schildkröte anfreunden.
- ☐ will die Schildkröte fangen.

b. Markiere eine Textstelle, die Bills Einstellung zu der Schildkröte zeigt.

4 **a.** Wie reagiert Aya auf die Schildkröte? Markiere eine passende Textstelle.

b. Schreibe auf, was Aya in diesem Moment denken könnte?

Bill und Aya sind seit mehreren Tagen zusammen in dem Boot.

5 **a.** Woran erkennst du, dass Bill schon etwas über das Leben auf dem Boot gelernt hat? Schreibe Stichworte auf.

b. Welche Dinge befinden sich im Boot, die für das Überleben der Jugendlichen nützlich sein können? Schreibe sie auf.

Aya knüpft die Angelschnur zu einer Schlinge, dann springt sie damit ins Wasser.

Die Schildkröte tauchte hinter uns auf und schwamm auf einmal neben Aya. Es war wunderschön anzusehen. Die fließenden Bewegungen von Ayas Armen und Beinen, die Flossen der Schildkröte, die sie langsam vorantrieben. Die beiden im Takt. Minute für Minute gewann Aya ihr Vertrauen.

„Willst du sie fangen?“, fragte ich. Sie schwamm genau neben die Schildkröte, ihre Hand auf Kopfhöhe, dann **raste Aya plötzlich los** und **zog** dabei **die Schlinge fest**. Die Schnur verhakte sich an Kopf und Flossen. Die Schildkröte ruckte mit dem Kopf, um sich zu befreien.

„Zieh“, sagte Aya.

„Nein. Das gefällt mir nicht.“ […]

Aya kam zum Boot, und ich half ihr hineinzuklettern, das Ruder in der Hand. Die Leine spannte sich. Die **Schildkröte versuchte zu entkommen**.

„Wir sollten sie freilassen“, sagte ich.

„Nein.“

„Warum?“ […]

„Essen.“

Ich brauchte ein paar Sekunden, um zu begreifen.

„Was?“

„Ich sage Essen.“

„Aya, wir werden sie nicht töten!“ Ich griff nach dem Ruder, damit sie die Schildkröte nicht näher heranziehen konnte. **Wir starrten einander an.** Aya riss am Ruder. Ich hielt dagegen. Sie verzog das Gesicht. **Sie war stur, aber ich war stärker.** Die Schildkröte war auch stark und zog das Ruder Richtung Meer. Es war ein **Tauziehen zu dritt**.

„Nein“, sagte ich.

„Oui.“*

Mit jedem Mal, wenn sie daran zog, hielt ich das Ruder fester. Totales Patt**. Sie bückte sich und grub **ihre Zähne in mein Handgelenk**. „Autsch!“ ich ließ los. Sie holte wieder Schnur ein. Ich schnappte mir das Messer, griff mit der anderen Hand nach der Schnur.

„Ha!“, sagte ich. „Schau her!“ Ich hielt die Klinge an die Schnur, bereit, sie zu durchtrennen.

*oui, französisch [sprich: wi]: ja
**das Patt: unentschieden

„Du willst sterben?", sagte sie. **„Du willst sterben, weil wir kein Essen haben?"**
Ich *wollte* die Schnur durchschneiden. Ich versuchte es, aber meine Hand gehorchte nicht.
„Wir werden essen", sagte sie. „Wie eine Ziege, wie ein Schaf."
Die Schildkröte zog an der Schnur. Sie schnitt in meine Haut. Ich hielt wieder das Messer daran. Es war nicht schwer. Ich musste es nur tun.
„Wir haben Essen", sagte ich. „Ein bisschen. Und bald werden wir gerettet."
„Wir haben bald kein Essen. Du willst sterben?", flüsterte sie. [...] „Keine Rettung. **Essen oder sterben.** Entscheide. Allah hat uns gegeben."
Ich ließ das Messer los und auch die Schnur. Ich **sank auf den Boden**, den Kopf in den Händen, auf einmal **furchtbar erschöpft**. Ich hasste mich dafür, dass ich das Messer fallen gelassen hatte. Ich hasste auch Aya. Dafür, dass sie recht hatte. V

6 Welchen Plan hat Aya?

a. Lies noch einmal die Zeilen 33 bis 46.

b. Schreibe ihren Plan in einem Satz auf.

Aya will ______________________________

______________________________.

c. Bill erkennt, was Aya vorhat. Schreibe auf, wie er reagiert.

____

____

Bill und Aya werden plötzlich zu Gegnern.

7 Für Bill und Aya bedeutet die Schildkröte etwas Unterschiedliches.

a. Markiere die Gedanken grün, die zu Bill passen.

b. Markiere die Gedanken rot, die zu Aya passen.

Das Fleisch der Schildkröte wird uns retten.

Wir dürfen dieses wunderschöne Tier nicht töten!

Wir können uns in dieser Situation kein Mitleid leisten.

Ich muss die Schildkröte retten!

8 Bill und Aya kämpfen um die Schildkröte.
a. Markiere eine Textstelle auf den Seiten 48 bis 49, die den Kampf deutlich macht.
b. Markiere die Textstelle, an der Bill aufgibt.

9 Wie könnte die Situation dann weitergehen? Kreuze die Möglichkeit an, die deiner Meinung nach am besten passt.

- ☐ Bill und Aya schaffen es, die Schildkröte zu fangen. Sie töten das Tier und essen von dem Fleisch.
- ☐ Bill und Aya schaffen es nicht, die Schildkröte zu fangen. Sie entkommt. Bill und Aya bleiben hungrig.

Am Abend schreibt Bill in sein Notizbuch. Du versetzt dich in Bill hinein und schreibst aus seiner Sicht.

10 Bill möchte die Erlebnisse in seinem Notizbuch festhalten. Plane den Text. Was könnte Bill über die Schildkröte, über Aya und über seine Gefühle schreiben? Notiere Stichworte auf den Karten.

die Schildkröte: *– sah so wunderschön aus* __________ __________ __________	*das Mädchen Aya:* __________ __________ __________ __________
meine Angst: *– wir haben kaum noch Essen* __________ __________ __________	*meine Hoffnung:* __________ __________ __________ __________

11 Schreibe den Eintrag im Notizbuch aus Bills Sicht.
▶ Wissen kompakt, S. 41
- Verwende deine Stichworte aus Aufgabe 10.
- Schreibe in der Ich-Form.
- Du kannst ganze Sätze schreiben, aber auch Ausrufe oder Fragen.
- Schreibe so, dass es zu Bill passt.

Plötzlich tauchte diese Schildkröte auf. Sie sah so …

Paranoid Park – einen Jugendbuchausschnitt erschließen, aus der Sicht der Figuren schreiben

Skater ist ein Jugendlicher, der es liebt, Skateboard zu fahren. In seiner Stadt gibt es einen illegalen Skaterpark, den „Paranoid Park". Dieser hat jedoch wegen der Leute, die sich dort aufhalten, einen schlechten Ruf. Skater will sich mit seinem Freund Jared dort treffen, doch Jared versetzt ihn. Allein im Park kommt Skater mit ein paar Jugendlichen ins Gespräch, darunter Schramme, ein Junge, den er ziemlich cool findet.

1 Lies den Jugendbuchausschnitt.

Paranoid Park *Blake Nelson*

Es war cool, mit den Typen zu reden. Ich hatte längst gehen wollen, aber ich wusste nicht, wohin, und es war irgendwie spannend, sich mit so einem wie Schramme zu unterhalten. Er war schon die ganze Westküste rauf- und runtergezogen, war illegal auf Zügen mitgefahren und hatte in Busbahnhöfen geschlafen und so. Im Sommer hatte er sich in San Diego mit einem Bullen geprügelt, sodass er da nicht mehr hinkonnte. Er wollte in Phoenix überwintern und mit einem Freund eine Band aufmachen. Ganz schön wilde Sachen. Vor allem das Aufspringen auf Züge. Eisenbahnen fand ich schon immer gut. Und ich hab mir immer gewünscht, mal auf einen Zug aufzuspringen.

Nach einer Weile war ihr Bier alle. Und sie brauchten Zigaretten. Schramme sagte, er würde gehen. Ob ich Geld hätte?

Ich hatte mir schon gedacht, dass die mir irgendwann mal mit Geld kommen würden, also sagte ich erst mal nein. Aber als dann die anderen jeder fünf Dollar zum Vorschein brachten, fand auch ich in meiner Jeanstasche einen Fünfer und gab den dazu. Schramme fragte, ob ich ein Auto hätte, und da war ich froh, dass ich es auf der anderen Seite des Flusses gelassen hatte. Ich sagte nein, ich sei mit dem Bus gekommen.

Schramme bot an, zum nächsten Supermarkt zu laufen. Das sei ziemlich weit. Ob ich mit ihm mitgehen würde?

Nein. Ich wollte lieber hier abhängen. Aber dann guckte der andere Typ auf seine Uhr. „Hey, der Zehn-Uhr-Zwanzig kommt gleich", sagte er. „Den könnt ihr kriegen."

„Hey", sagte Schramme zu mir. „Haste Lust, auf'n Zug zu springen?"

Ich blickte zu ihm hoch. Doch, irgendwie schon. „Was für'n Zug?"

„Der Zehn-Uhr-Zwanzig. Der kommt jede Nacht hier durch. Mit dem können wir bis zum Supermarkt fahren."

Skater hat bisher noch keine Leute wie Schramme kennen gelernt.

2 Untersuche, was Skater über Schramme und seine Lebensweise denkt.

a. Unterstreiche Dinge, die Schramme tut, die für Skater fremd sind.
b. Unterstreiche andersfarbig, was Skater über Schrammes Aktionen denkt.
c. Schreibe mit eigenen Worten in deinem Heft auf, was Skater über Schramme denkt.

3 Untersuche Skaters Beziehung zu Schramme. Zweimal sagt Skater „Nein" zu ihm.

a. Lies die Stellen im Text nach.

b. Stelle Vermutungen darüber an, warum Skater hier nicht die Wahrheit gesagt hat. Schreibe deine Gedanken dazu in Stichworten auf.

Was Skater in dieser Nacht erlebt, ist völlig neu für ihn.

Sie überredeten mich. Oder ich mich selber. Wie's genau war, weiß ich nicht mehr.

Der andere Typ und das Mädchen wollten auf mein Brett aufpassen, aber ich sagte, ich würde es mitnehmen. Schramme sagte, es würde im Weg sein, aber ich ließ mich nicht umstimmen.

Wir krochen durch das Loch im Maschendrahtzaun. Ich folgte Schramme, rutschte auf dem Arsch die Böschung runter. Ich blickte auf Schrammes Stoppelkopf und hoffte, dass ich keinen Fehler machte. Er würde mich doch nicht ausrauben, oder? Mir mein Brett klauen? Und wenn schon. In dem Moment war mir das ziemlich egal.

Am Fuße des Hügels klopften wir uns den Sand ab. Da hörte ich den Zug tuten. Ich spürte den Boden unter mir beben.

„Das ist er!", schrie Schramme und rannte aufgeregt los. Ich lief ihm hinterher, mein ganzer Körper kribbelte vor Vorfreude. Ich konnte nicht glauben, dass das wirklich geschah. Ich springe auf einen Zug! Jared würde platzen vor Neid. Geschah ihm ganz recht!

Wir rannten an den alten Gebäuden vorbei, bis wir zu den Gleisen kamen. Es war der Zug, er kam wirklich. Sein einzelner Scheinwerfer leuchtete uns direkt an.

„Zurück", sagte Schramme, als wir am Gleisbett waren. „Die dürfen uns nicht sehen."

Wir duckten uns hinter eine Laderampe. Da blieben wir hocken, spähten, schnauften.

Die Lokomotive war auf unserer Höhe. Unglaublich, wie groß und mächtig sie aussah.

Als sie durch war, richtete sich Schramme auf. Er betrachtete die vorbeifahrenden Waggons. Dann entschied er sich für einen und lief los, neben dem Waggon her.

„Komm schon, lauf!", schrie er über den Lärm des Zuges hinweg.

Ich klemmte mir das Brett unter den Arm und raste hinter Schramme her, ins Dunkle.

4 Fasse kurz zusammen, was Schramme und Skater vorhaben.

5 Untersuche Skaters Gefühle in dieser Situation genauer.

a. Kreuze an, welche Gefühle er hat, und gib jeweils eine passende Textstelle an.

Skaters Gefühle	trifft zu	Textstelle/Zeilenangabe
Er hat Angst.		
Er ist misstrauisch.		
Er ist aufgeregt und gespannt.		
Ihm ist alles egal.		

b. Erkläre, warum Skater diese Gefühle in dieser Situation hat.

c. Beschreibe, wie Skaters Gedanken und Gefühle im Text in der Zeile 15 deutlich werden.

Die Gedanken und Gefühle werden .

Skater hat es geschafft, auf den fahrenden Zug zu springen.

Der Zug schien nicht sehr schnell zu sein – zumindest nicht bis zu dem Moment, als ich neben ihm war. Wir mussten heftig sprinten, um dranzubleiben. Schramme steuerte auf eine Metallleiter zu, die an der Seite eines Getreidewaggons hing.
Er sprang, bekam sie zu fassen und zog sich hoch, bis er auf der untersten Sprosse stand. Er winkte mir zu, ich solle es auch so machen.
Ich hatte immer noch mein Skateboard und das war lästig. Doch ich schob es rüber in die linke Hand und packte mit der rechten die Leiter des nächsten Waggons.
Ich hielt das Brett fest und zog mich hoch genug, dass ich die Füße auf die unterste Sprosse stellen konnte.
Schramme hob den Daumen, als er das sah. Ich hatte bewiesen, dass ich kein totaler Trottel war.
Jetzt waren wir auf dem Zug. Fuhren mit. Schramme schrie mir zu, in einer Viertelmeile oder so würden wir zum Rangierbahnhof kommen. Dort könnten wir abspringen und zum Supermarkt gehen.
Ich war total aufgedreht. Ich konnte es nicht fassen, dass ich wirklich auf einem Zug mitfuhr. Ich stellte mir vor, wie ich das meinen Freunden erzählen würde [...].
Ich hängte mein Skateboard an die Leitersprossen und lehnte mich so weit raus wie möglich. Genau wie Schramme. [...] Das alles war so was von geil.
Ich überlegte, ob wir auch in die andere Richtung fahren könnten. Vielleicht konnte man durch die ganze Stadt rauschen.
Leider fing der Zug nach ein paar Minuten an zu bremsen. Schramme schrie, wir sollten abspringen, der Bahnhof komme gleich.

Es tat mir leid, dass meine kleine Fahrt schon zu Ende war. Aber ich hatte es getan. Ich war auf einen Zug gesprungen. Ich ließ mich so weit wie möglich raushängen. Dann winkte Schramme mir wie verrückt zu. Ich verstand nicht, was er sagte. Gleichzeitig schob er sich die Leiter hoch und versuchte, sich dahinterzuklemmen. Als wollte er sich verstecken. Ich wusste nicht, was das sollte.

Dann sah ich das Auto.

Vor uns am Bahndamm stand das Auto eines privaten Sicherheitsdienstes, und zwar so, dass die Scheinwerfer den Güterzug anstrahlten. Neben dem Auto stand ein Mann in Uniform. V

6 Untersuche, wie Skater den Sprung auf den Zug und die Mitfahrt erlebt. Belege deine Aussagen mit Textstellen. Schreibe in dein Heft.
- Beschreibe, was Skater während des Sprungs und der Fahrt empfindet.
- Versetze dich in Skaters Situation, als er den Sicherheitsmann sieht. Notiere seine möglichen Gedanken und Gefühle in Stichworten.

7 Die Aktion der Jungen ist äußerst leichtsinnig und gefährlich.
a. Suche Textstellen heraus und überlege, was alles hätte schiefgehen können.
b. Formuliere in deinem Heft Aussagen, die man Skater entgegnen könnte, um ihm die Leichtsinnigkeit seines Handelns zu verdeutlichen.

Skaters Freund Jared hat spät am Abend mehrmals versucht, Skater anzurufen, und sich große Sorgen gemacht. Am nächsten Morgen erreicht er ihn endlich und will wissen, was passiert ist. Du schreibst das Gespräch zwischen Jared und Skater auf.

8 Plane deinen Text mithilfe deiner Vorarbeiten. Notiere in deinem Heft zunächst Stichworte zu den folgenden Fragen:

Schritt 1: Planen

- Was hast du über Skaters Gefühle, Gedanken und Beweggründe erfahren? (Aufgaben 2–6)
- Wie bewertet Skater am nächsten Morgen sein Verhalten? Ist er immer noch stolz auf sich oder erkennt er, wie gefährlich und gedankenlos er gehandelt hat?
- Jared ist fassungslos über Skaters Tat. Was könnte er ihm vorwerfen und verdeutlichen? (Aufgabe 7)

9 Schreibe nun das Gespräch in deinem Heft auf. Mache darin deutlich, wie die beiden das „Abenteuer" bewerten.

Schritt 2: Schreiben

- Schreibe einen einleitenden Satz, der die Situation erklärt.

  Schließlich erreicht Jared seinen Freund Skater …
- Beginne den Dialog sinnvoll, indem du den Gesprächsanlass aufgreifst.

  Jared: „Erzähl doch mal! Was hast du gestern gemacht?"
- Formuliere den Dialog zwischen den beiden Gesprächspartnern mit Aktion und Reaktion.
- Beende das Gespräch sinnvoll. Finde einen Abschluss.

10 Überarbeite deinen Text mithilfe der Arbeitstechnik im Wissen kompakt auf der Seite 41. Überprüfe dabei auch die Rechtschreibung, Zeichensetzung und Grammatik.

Schritt 3: Überarbeiten

Nicht ganz ernst gemeint – *satirische Texte interpretieren*

In diesem Kapitel lese ich einen satirischen Text und untersuche die komische Wirkung.

Satirische Texte sollen beim Lesen Spaß machen. Oft werden aktuelle Themen aus der Wirklichkeit aufgegriffen und mit Humor betrachtet. Die Texte haben häufig eine weitere Absicht, zum Beispiel auf etwas aufmerksam machen oder etwas kritisieren.

Ich untersuche den Inhalt des Textes.
- Was verrät mir der Titel (die Überschrift)?
- Was wird in dem Text behauptet (über Ereignisse, Situationen, Personen ...)?
- Welches aktuelle oder wirkliche Thema wird angesprochen?
- Über was macht sich der Text lustig? Was wird verspottet oder kritisiert?

Ich untersuche die Gestaltung und die Wirkung des Textes.
- Welche auffälligen (besonderen) Wörter oder Wortgruppen gibt es?
- Welche Form hat der Text (wie ein echter Bericht, eine echte Rede ...)?
- Welche weiteren Gestaltungsmittel fallen mir auf?
- Wie wirken die Gestaltungsmittel auf mich? Wie wirkt der Text auf mich?

Gestaltungsmittel in satirischen Texten	Beispiele
Die Ironie: Man sagt bewusst das Gegenteil von dem, was man eigentlich meint.	*Natürlich kann ich dir sofort viertausend Euro leihen, das ist überhaupt kein Problem!*
Die Groteske: Etwas wird so verzerrt dargestellt, dass es komisch oder absurd (völlig unsinnig) wirkt.	*Also hab ich den Rollkoffer einfach mal machen lassen.*
Der Sarkasmus: Beißender Spott, der etwas lächerlich machen oder eine Person verletzen soll.	*– Ich war heute früh beim Friseur.* *– Und warum bist du nicht drangekommen?*
Die Übertreibung: Eine Situation oder ein Zustand wird so sehr übertrieben, dass die Darstellung nicht mehr glaubwürdig oder echt erscheint.	*Das Universum hält den Atem an!*
Der Neologismus: Ein Wort wird neu erfunden, was eine komische Wirkung erzeugen soll.	*Masa-Sprecher Shwohohochuan Schmitz*

Dachgepäckträger für Kinder – einen satirischen Text erschließen

Wenn Eltern und Kinder im Auto zusammen verreisen, gibt es oft Stress. Der folgende Text blickt mit Humor auf dieses Thema. Es geht um eine neue, ungewöhnliche Reiseform für Familien.

1 a. Lies die Überschrift des Textes und sieh dir die Bilder an.
b. Was findest du daran ungewöhnlich? Schreibe Stichworte auf.

Daran ist ungewöhnlich ~~mit~~ das Kinder auf den autro drauf sitzen im Kindersitz.

2 Lies den Text mithilfe des Lese-Profis.

► Der Lese-Profi, hinten auf der Umschlagseite

Endlich stressfrei in den Urlaub: TÜV* lässt Dachgepäckträger auch für Kinder zu

Köln (dpo) – „Wann sind wir endlich daaaaaa?", „Ich muss aufs Klo!", „Susanne hat mich gekraaaaaaaatzt!" – so oder so ähnlich hört es sich nahezu ununterbrochen an, wenn man mit Kindern in den Urlaub fährt. Doch damit dürfte nun Schluss sein, denn der TÜV* hat **Dachgepäckträger endlich auch für Kinder** zugelassen.

„Verkehrsstudien zeigen, dass **Stress und Ablenkung** des Fahrers oder der Fahrerin zu den **Hauptursachen für erhöhte Unfallgefahr** gehören", heißt es in einer gemeinsamen Pressemitteilung von TÜV Nord, TÜV Süd und TÜV Rheinland. „Um die **Verkehrssicherheit** – insbesondere bei langen Urlaubsfahrten – zu **erhöhen**, ist es daher **seit dem 1. Juli erlaubt**, Kinder auf dem Dachgepäckträger zu befördern**."

Bis zu **vier Kinder** dürfen demnach auf dem Gepäckträger Platz nehmen, bei **größeren Autos** in Ausnahmefällen auch **sechs**. Wichtigste Voraussetzung seien ordnungsgemäß und sicher angebrachte Kindersitze sowie ausreichende Anschnallmöglichkeiten. [...] Viele **Eltern** nutzen diese neue Reiseform bereits und **genießen** sie ausgiebig.

*TÜV: die Abkürzung für „Technischer Überwachungsverein". Der TÜV kontrolliert technische Geräte, Maschinen, Autos.
**befördern: von einem Ort zu einem anderen Ort bringen, transportieren

„Ja, das ist natürlich herrlich!", erzählt etwa Mareike Hoffmann (31). Sie, ihr Mann Leonhard (31) und ihre beiden Kinder Jeanette (7) und Sören (2) sind auf diese Weise von Köln bis an den Gardasee gefahren. „So entspannt war die Fahrt für uns noch nie. Wir haben **die Stille richtig genossen**, konnten die **Musik hören**, auf die wir Lust hatten, und in Ruhe die **Landschaft** auf uns **wirken lassen**. Und unsere Kleinen? Die sind endlich mal **richtig lange an der frischen Luft**. Ich freue mich jetzt schon auf die Heimreise!"

Ganz sollten Eltern aber ihre **erzieherischen Pflichten** auch bei Kindern auf dem Gepäckträger nicht vernachlässigen. Es wird empfohlen, **alle 100 bis 200 Kilometer anzuhalten**, um nach dem Rechten zu sehen und den Kindern etwaige **Insekten aus dem Gesicht** zu entfernen. [...] V

3 Was hat dich beim Lesen des Textes überrascht? Schreibe deinen ersten Eindruck auf.

Mich hat überrascht, Dass Kinder auf den dach sitzen.

4 Was wird im Text behauptet? Kreuze die passende Aussage an.

☐ Der TÜV prüft neuerdings die Sicherheit von Kindersitzen in Autos.
☐ Die Kindersitze müssen jetzt auf dem Dachgepäckträger montiert werden.
☒ Kinder dürfen jetzt während der Autofahrt auch auf dem Dachgepäckträger sitzen.

Der satirische Text ist wie ein Zeitungsbericht geschrieben. Aber er kann nicht ernst gemeint sein, denn er enthält unglaubliche Aussagen.

5 Woran erkennst du, dass der Text nicht ernst gemeint sein kann? Kreuze die Aussagen an, die deiner Meinung nach zutreffen.

☒ In dem Text werden wirkliche Situationen und Unsinn vermischt.
☐ Der Text ist sachlich geschrieben und enthält Fachbegriffe.
☐ Die Geschichte der Familie Hoffmann wirkt leicht übertrieben.
☒ Die Geschichte der Familie Hoffmann wirkt unglaublich. Denn Eltern würden so etwas niemals mit ihren Kindern machen.

Der satirische Text will uns zum Lachen bringen.
Du untersuchst die Wirkung des Textes.

6 Welche Stellen im Text kommen dir besonders seltsam oder komisch vor? Markiere drei Textstellen auf den Seiten 56 und 57.

7 **a.** Lies noch einmal folgende Textstelle.

„Ja, das ist natürlich herrlich!", erzählt etwa Mareike Hoffmann (31). […] „So entspannt war die Fahrt für uns noch nie. […] Und unsere Kleinen? Die sind endlich mal richtig lange an der frischen Luft. Ich freue mich jetzt schon auf die Heimreise!" (Z. 20–28)

b. Beschreibe, wie diese Aussage der Mutter auf dich wirkt. Ergänze den Satz.

Die Aussage der Mutter wirkt auf mich ______________,

weil ____

____.

komisch, unglaublich, sehr übertrieben, absurd, …

c. Was würden Eltern tatsächlich denken, wenn ihre Kinder auf dem Dachgepäckträger sitzen müssten? Schreibe deine Vermutung auf.

unglaubswürdig und hätten angst,

____

8 Am Ende des Textes bekommen die Eltern noch eine Empfehlung.
a. Lies noch einmal folgende Textstelle.

Es wird empfohlen, alle 100 bis 200 Kilometer anzuhalten, um […] den Kindern etwaige Insekten aus dem Gesicht zu entfernen. (Z. 31–33)

b. Kreuze an, wie diese Empfehlung auf dich wirkt?

☐ vernünftig ☐ verrückt ☐ lustig ☒ absurd

9 Wie gefällt dir der satirische Text?
Schreibe deine persönliche Meinung auf und begründe sie.

Ich finde den Text wenigen witzig weil
es kein sin macht und
nicht lustig ist.

____

____

____.

(nicht) lustig, (nicht) witzig, komisch, absurd …

Chaos an Flughäfen – einen satirischen Text erschließen

Großes Durcheinander am Flughafen haben viele schon einmal erlebt oder Berichte darüber gesehen. Der folgende Text blickt mit Humor auf dieses Thema. Es geht um eine chaotische Situation am Hamburger Flughafen.

1 **a.** Lies die Überschrift des Textes und sieh dir die Bilder an.
b. Was findest du daran ungewöhnlich oder sogar absurd? Notiere Stichworte.

ein Koffer ist auf dem stuhl des pilots.
~~wie~~ der Pilot ist eingespeert in ein raum
und niemand holt ihn raus ~~aus~~ von
sein mitarbeiter

2 Lies den Text mithilfe des Lese-Profis.

▶ Der Lese-Profi, hinten auf der Umschlagseite

Chaos an Flughäfen immer schlimmer: Pilot im Frachtraum eingesperrt – Rollkoffer steuerte Flugzeug nach Mallorca

Hamburg, Palma (dpo) – Es war nur eine Frage der Zeit, bis **Personalnot und Überlastung** an deutschen Flughäfen **zu gefährlichen Fehlern führen** würden. Am Hamburger Flughafen wurde am Donnerstag **ein Pilot** aus Versehen gemeinsam mit dem Gepäck **in den Frachtraum** einer Boeing **verladen**. Er musste dort den gesamten Flug verbringen. Währenddessen steuerte ein Rollkoffer das Flugzeug nach Mallorca.

„Ja, also … Da ist irgendetwas total durcheinandergeraten“, sagt ein Verantwortlicher des Flughafens zerknirscht*. „Wir können echt froh sein, dass das **alles gut gegangen** ist.“ Wer genau gepfuscht hat, wird derzeit noch ermittelt. Klar ist nur, dass der eigentlich **für den Flug vorgesehene Pilot nicht** an der Sicherheitsschleuse vorbei **zu seiner Maschine gelassen** wurde, **sondern als Gepäck** aufgenommen und **verladen** wurde.

Als die Boeing 737 mit 40 Minuten Verspätung schließlich startbereit war, befand sich offenbar **ein Rollkoffer auf** dem **Pilotensitz**.

*zerknirscht: beschämt, schuldbewusst

„Mir kam das auch komisch vor", erklärt Co-Pilot Peter Kahle. „Aber ich dachte mir, **die von der Fluggesellschaft werden schon wissen, was sie tun** und wen sie wo einteilen. Also hab ich den **Rollkoffer einfach mal machen lassen**. Das meiste erledigt ja eh der Autopilot**. Notfalls hätte ich aber natürlich eingegriffen."

Tatsächlich verlief der **Flug** nach Palma de Mallorca **fast störungsfrei**. Nur die sonst üblichen Durchsagen („Wenn Sie jetzt links aus dem Fenster schauen, würden Sie den Montblanc*** sehen, wenn es nicht so bewölkt wäre") wurden von einigen der 140 Passagiere vermisst. Auch die Landung wurde von einigen Urlaubsreisenden als „etwas ruckelig" beschrieben. Zudem beschwerte sich eine Familie. Sie hatte an der Gepäckausgabe auf Mallorca **statt ihres Rollkoffers** einen etwa 40-jährigen **Mann in Pilotenkleidung** erhalten. V

** der Autopilot: die automatische Steuerung eines Flugzeugs, ohne dass ein Mensch eingreift
*** der Montblanc: ein Berg an der Grenze zwischen Frankreich und Italien

3 Was hat dich beim Lesen des Textes überrascht?
Schreibe deinen ersten Eindruck auf.

4 Was wird im Text behauptet? Kreuze die passenden Aussagen an.

Am Hamburger Flughafen passiert ein Fehler, …
☐ weil das gesamte Personal streikt.
☐ als ein Pilot mit einem Koffer vertauscht wird.

Das Flugzeug nach Mallorca startet mit Verspätung und …
☐ am Steuer sitzt unglaublicherweise ein Koffer als Pilot.
☐ am Steuer sitzt ausnahmsweise nur der Co-Pilot.

5 Welche Gründe werden für das Chaos genannt? Notiere Stichworte.
Tipp: Lies noch einmal den ersten Abschnitt.

Der satirische Text ist wie ein Zeitungsbericht geschrieben, aber er enthält unglaubliche Aussagen.

6 Woran erkennst du, dass der Text nicht ernst gemeint sein kann? Ergänze den Satz.

Der Text kann nicht ernst gemeint sein, weil ______________________

____

____.

7 Nenne drei Ereignisse, die so nicht passiert sein können. Schreibe in Stichworten, ergänze auch die Zeilenangaben.

Zeile ________: ______________________________

Zeile ________: ______________________________

Zeile ________: ______________________________

Der satirische Text will uns zum Lachen bringen.
Du untersuchst die Gestaltung und die Wirkung des Textes.

8 Markiere im Text auf den Seiten 59 und 60 drei Stellen, die dir besonders komisch oder lustig vorkommen.

9 **a.** Lies noch einmal folgende Textstelle.
Was wirkt hier völlig übertrieben? Markiere es.

Klar ist nur, dass der eigentlich für den Flug vorgesehene Pilot nicht an der Sicherheitsschleuse vorbei zu seiner Maschine gelassen wurde, sondern als Gepäck aufgenommen und verladen wurde. (Z. 13–16)

b. Welches tatsächliche Problem an Flughäfen steckt dahinter? Kreise es ein.

Flugzeuge starten oft mit Verspätung | *Pilotinnen und Piloten streiken* | *Koffer werden vergessen oder landen im falschen Flugzeug*

10 Was wirkt in der folgenden Textstelle unglaublich oder absurd? Markiere es.

„Mir kam das auch komisch vor", erklärt Co-Pilot Peter Kahle. „Aber ich dachte mir, die von der Fluggesellschaft werden schon wissen, was sie tun und wen sie wo einteilen. Also hab ich den Rollkoffer einfach mal machen lassen." (Z. 20–23)

Durch übertriebene oder absurde Aussagen wirkt der Text komisch.

11 Erkläre, warum die Aussage des Co-Piloten komisch wirkt.

überraschend cool, bleibt gelassen, nimmt den Koffer als Piloten fast als normal hin

12 Nach der Landung des Flugzeugs beschwert sich eine Familie.
a. Lies noch einmal die Zeilen 32–35 des Textes.
b. Beschreibe, wie die Situation der Familie wirkt.

Der Text stammt aus der satirischen Online-Zeitung „Der Postillon". Dort werden oft aktuelle Themen aufgegriffen und komisch dargestellt.

13 Welches aktuelle Thema wird in diesem satirischen Text aufgegriffen? Kreuze die Antwort an, die deiner Meinung nach am besten passt.

- ☐ Pilotinnen und Piloten fordern bessere Arbeitsbedingungen.
- ☐ An den Flughäfen und in den Flugzeugen ist das Personal überlastet.
- ☐ Reisende stören die Abläufe, weil sie zu viel Gepäck haben.

Du fasst nun deine Ergebnisse zusammen und schreibst deine persönliche Meinung zu dem satirischen Text auf.

14 **a.** Schreibe eine **Einleitung**. Nenne den Titel des Textes und das Thema. Fasse kurz zusammen, was im Text behauptet wird.

In dem satirischen Text „Chaos an Flughäfen" (aus dem Postillon) geht es um …
Im Text wird behauptet, dass …

b. Schreibe im **Hauptteil** deine Meinung zum Text auf und begründe sie. Verwende deine Ergebnisse aus den Aufgaben 6 bis 13.

- Erkläre, warum der Text nicht ernst gemeint sein kann.
- Beschreibe die komische Wirkung an einem Beispiel (Zitat).
- Schreibe zum **Schluss**, welches aktuelle Thema deiner Meinung nach in dem Text angesprochen wird.

Der Text kann nicht ernst gemeint sein, denn … | Ich finde den Text lustig / nicht lustig, weil … | Der Text gefällt mir / gefällt mir nicht, weil …

Forscher vom Mars – einen satirischen Text interpretieren

Ein internationales Forscherteam hat 2018 auf dem Mars erstmals einen unterirdischen See entdeckt. In dem folgenden satirischen Text geht es um einen besonderen Fund auf der Erde.

1 Lies den satirischen Text und kläre unbekannte Begriffe.

Forscher vom Mars finden angeblich Wasser ohne Plastik auf Erde (2018) *Jean Gnatzig*

Das ist die astronomische Sensation des Jahres! Wissenschaftler vom Mars wollen ein nicht mit Plastik verseuchtes Gewässer auf der Erde entdeckt haben. Es wäre die Grundlage für intelligentes Leben.

Das Universum hält den Atem an! Forscher auf dem Mars berichten, dass sie am Südpol des Planeten Erde einen unterirdischen See entdeckt haben, in dem es nicht von Plastikteilen wimmelt. Das gab jetzt die *Martian Aeronautics and Space Administration* (Masa[1]) bei einer Pressekonferenz bekannt. Ausschlaggebend für die Entdeckung ist die besondere Himmelskonstellation derzeit: Die Erde hat sich dem Mars bis auf 58 Millionen Kilometer genähert; in der Nacht von Freitag auf Samstag kann man die Ausdünstungen des aufgrund seiner blauen Farbe und seines üblen Geruchs scherzhaft als „Klosteinplaneten[2]" bezeichneten Marsnachbarn so gut wie seit Langem nicht mehr beobachten.

Gibt es Spuren von Intelligenz auf der Erde?

Was die Marsforscher so an dem Sensationsfund auf der Erde fasziniert, sind die möglichen Konsequenzen. Masa-Sprecher Shwohohochuan Schmitz, 452, sagt: „Die Entdeckung eines nicht komplett verseuchten Gewässers auf unserem Nachbarplaneten könnte bedeuten, dass es dort möglicherweise intelligentes Leben gibt." Der passionierte Hobbykornkreisgestalter[3] aus Syrtis Major[4] dämpft allerdings sogleich allzu hohe Erwartungen. Zwar habe man in dem in einer Tiefe von drei bis vier Kilometern unter der Erdoberfläche gelegenen See keinerlei Spuren von Plastiktüten, Kunststofflöffeln oder herumtreibenden Luftmatratzen mit sonnencremeverschmierten Zellhaufen[5] gefunden.

Schwimmendes organisches Material gibt Rätsel auf

Letztere entdeckten die Mars-Forscher derzeit in rauen Massen an den Küsten. Diese bizarren[6] Objekte scheinen ein ernsthaftes Umweltproblem auf dem ohnehin schon extrem unwirtlichen[7] Sonnentrabanten[8] darzustellen. Dennoch muss das Fehlen dieser unappetitlichen Technopolymer[9]-Kombination in dem –3 Grad warmen See unter dem Südpol der Erde noch lange nichts heißen.

Und selbst wenn, macht die Masa den Alien-Fans auf dem Mars keine große Hoffnung: „Da das Eis auf unserem bedauernswerten Nachbarplaneten

1 Masa: eine fiktive wissenschaftliche Vereinigung (in Anlehnung an NASA = US-Bundesbehörde für Raumfahrt und Flugwissenschaft); 2 Klostein: sich langsam auflösender Wirkstoff, der dazu dient, Geruchsbelästigungen in der Toilette gering zu halten; 3 Kornkreis: mysteriöse Muster auf Getreidefeldern; 4 Syrtis Major: eine Region auf dem Mars; 5 Zellhaufen: hier sind die Menschen gemeint; 6 bizarr: ungewöhnlich; 7 unwirtlich: unattraktiv, abstoßend; 8 Trabant: ein Satellit, ein Mond; 9 Technopolymer: ein anderes Wort für Plastik

aus unerfindlichen Gründen immer mehr wegschmilzt, wird auch dieses Gewässer bald kontaminiert[10] sein und intelligentes Leben auf dem Planeten, falls es das jemals gegeben haben sollte, für immer auslöschen."

10 kontaminiert: verseucht

2 Was hat dich überrascht, was fandest du lustig? Beschreibe deinen ersten Eindruck vom Text.

Du untersuchst den Inhalt des satirischen Textes genauer.

3 Worum geht es in dem Text? Kreuze die passende Aussage an.

- ☐ Es geht um einen angeblichen Wasserfund auf dem Mars.
- ☐ Es geht um einen Wasserfund mit Plastikverschmutzung auf der Erde.
- ☐ Es geht um einen angeblichen Fund von sauberem Wasser auf der Erde.

4 In dem satirischen Text werden die Menschen und die Erde aus der Sicht von Marsianern beschrieben.

a. Markiere Aussagen über den Menschen rot und über die Erde grün.
b. Erstelle in deinem Heft eine Tabelle nach folgendem Muster und trage die Beschreibungen ein.
c. Erläutere anschließend, was mit den Beschreibungen gemeint ist.

Beschreibung: Mensch	Erläuterung	Beschreibung: Erde	Erläuterung
sonnencremeverschmierter Zellhaufen	einfaches, unintelligentes Wesen	Klosteinplanet	übel riechend

5 Der Fund der Marsianer wird als „astronomische Sensation" (Z. 1) bezeichnet. Erkläre in eigenen Worten, warum diese Entdeckung so sensationell wäre.

6 Erläutere das letzte Zitat des Masa-Sprechers: „Da das Eis auf unserem bedauernswerten Nachbarplaneten aus unerfindlichen Gründen immer mehr wegschmilzt, wird auch dieses Gewässer bald kontaminiert sein und intelligentes Leben auf dem Planeten, falls es das jemals gegeben haben sollte, für immer auslöschen." (Z. 30 ff.) Was sagt es über die Zukunft der Erde aus der Sicht des Marsianers aus?

Im Text findest du sprachliche Signale, die dir zeigen, dass das Gesagte nicht ganz ernst gemeint ist. Du untersuchst die Gestaltungsmittel des Textes.

7 Untersuche den Text nach humoristischen Gestaltungsmitteln. Nutze dazu die Erklärungen aus dem Wissen kompakt auf der Seite 55.

a. Bestimme die Gestaltungsmittel. Ordne den Beispielen den passenden Begriff aus dem Wortspeicher zu.

Sarkasmus | Übertreibung | Neologismus

„Das Universum hält den Atem an!" (Z. 4): ______

Wirkung: ______

______

„Hobbykornkreisgestalter" (Z. 18): ______

Wirkung: ______

______

„sonnencremeverschmierte Zellhaufen" (Z. 22): ______

Wirkung: ______

______

b. Beschreibe die Wirkung der Gestaltungsmittel und ergänze diese in Aufgabe 7a. Du kannst die folgenden Formulierungen nutzen.

verdeutlicht Besonderheit der Meldung | greift ein für den Menschen unerklärliches Phänomen auf und zieht es ins Lächerliche | Mensch als unintelligentes und einfaches Wesen

8 Im Text werden neue wissenschaftliche Erkenntnisse bezüglich des Mars umgekehrt und auf die Erde bezogen.

a. Lies die folgenden Aussagen A bis C, die sich auf den Mars beziehen.

b. Finde im satirischen Text die entsprechenden Aussagen und ordne sie zu. Ergänze auch die Zeilenangaben.

A *Der Mars hat sich der Erde bis auf 58 Millionen Kilometer genähert.* ______

______

B *Ein Forscherteam entdeckt auf dem Mars einen unterirdischen See.* ______

______

______

C *Menschen suchen im Universum nach außerirdischem Leben oder Aliens.* ______

______

Satirische Texte möchten uns zum Lachen bringen. Sie verfolgen dabei häufig ein ernstes Anliegen.

9 **a.** Wähle eine oder mehrere Absichten aus, die dir für diesen Text am passendsten erscheint.

uns auf etwas aufmerksam machen | *etwas verspotten* | *etwas kritisieren*

b. Erkläre, was der Autor deiner Meinung sagen möchte.

Mit diesem Text möchte der Autor ______

______.

10 Um seine Absicht zu verdeutlichen, verwendet der Autor bestimmte Wörter und Formulierungen. Kreuze an, was auf die Wörter im Text zutrifft.

☐ einfach ☐ mit Fachbegriffen ☐ leicht verständlich

☐ scheinbar wissenschaftlich

Du hast den Inhalt, die sprachliche Gestaltung und die Absicht des satirischen Textes untersucht. Deine Arbeitsergebnisse führst du nun in einer Interpretation zusammen.

11 Schreibe eine vollständige Einleitung, in der du die Textsorte, den Titel, den Autor, das Erscheinungsjahr und das Thema nennst.

In dem satirischen Text mit dem Titel „ ______

______"

aus dem Jahr ______ *von* ______ *geht es um* ______

______.

12 Schreibe den Hauptteil mithilfe deiner Ergebnisse der Aufgaben 2–10 in dein Heft.

- Fasse den Inhalt des satirischen Textes in wenigen Sätzen zusammen. Gehe dabei auch darauf ein, wie die Menschen und die Erde beschrieben werden (Aufgaben 2–5).
- Erläutere, welche Zukunftsprognose dem Leben auf der Erde im Text gestellt wird (Aufgabe 6).
- Beschreibe die humoristischen Gestaltungsmittel und ihre Wirkung (Aufgaben 7–8).
- Erkläre, welche Absicht der Autor mit dem satirischen Text verfolgt (Aufgaben 9–10).

13 Fasse zum Schluss deinen Gesamteindruck vom satirischen Text zusammen. Tipp: Du kannst schreiben, ob dir der Text gefallen hat oder nicht. Begründe deine Meinung.

14 Überarbeite deinen Text und überprüfe dabei auch die Rechtschreibung, Zeichensetzung und Grammatik.

Zwischen Krieg und Frieden – *Gedichte untersuchen und interpretieren*

In diesem Kapitel lese ich ein Gedicht und untersuche es. Danach fasse ich meine Ergebnisse schriftlich zusammen.

Um ein Gedicht besser zu verstehen, untersuche ich es genauer.

Ich untersuche den Inhalt des Gedichts.	– Was verrät mir der Titel (die Überschrift)? – Worum geht es (um Menschen, Gefühle, Zustände …)? – Gibt es ein lyrisches Ich (eine Sprecherin / einen Sprecher)? – Wird jemand im Gedicht angesprochen? – Welche Stimmung spüre ich (hoffnungsvoll, auffordernd, sachlich, bedrohlich …)?
Ich untersuche die Form des Gedichts.	– Wie viele Strophen hat das Gedicht? – Wie viele Verse hat jede Strophe? – Gibt es Reime? – Welche Reimformen erkenne ich (z. B. den Paarreim oder den Kreuzreim)?
Ich untersuche die Sprache des Gedichts.	– Welche auffälligen (besonderen) Wörter oder Wortgruppen gibt es? – Welche Besonderheiten im Satzbau oder bei der Zeichensetzung fallen mir auf? – Welche sprachlichen Mittel erkenne ich (z. B. die Wiederholung von Wörtern)? – Welche sprachlichen Bilder fallen mir auf? (z. B. der Vergleich, die Personifikation, die Metapher)?
Ich untersuche den Hintergrund, vor dem das Gedicht entstanden ist.	– Von wem und wann wurde das Gedicht geschrieben? – Was weiß ich über die Autorin / den Autor? – Was weiß ich über die Zeit? – Welche dieser Informationen helfen mir, das Gedicht besser zu verstehen?

Friede(n) – ein Gedicht erschließen

In dem folgenden Gedicht geht es um eine Aufforderung zum Frieden.

1 Was verbindest du mit dem Wort „Frieden"?
Schreibe deine Gedanken in Stichworten auf.

2 Lies das Gedicht.

Friede* *Josef Reding*

„Bloß keinen Zank
und keinen Streit!"
Das heißt auf Englisch
ganz einfach
PEACE
und auf Französisch
PAIX**
und auf Russisch
MIR
und auf Hebräisch
SHALOM
und auf Deutsch
FRIEDE
oder:
„Du, komm,
lass uns zusammen spielen,
zusammen sprechen,
zusammen singen,
zusammen essen,
zusammen trinken
und zusammen
leben,
damit wir
leben."

* der Friede: ein altes Wort für Frieden

** Paix: sprich: Pä

Du untersuchst den Inhalt des Gedichts.

3 Welche Sätze passen deiner Meinung nach zum Inhalt des Gedichts? Kreuze an. Du kannst auch einen eigenen Satz schreiben.

- ☐ Streiten ist immer gut, egal in welcher Sprache.
- ☐ Die Menschen brauchen Frieden, egal welche Sprache sie sprechen.
- ☐ Frieden fängt im gemeinsamen Alltag an.
- ☐ Du kannst für den Frieden nichts tun.

____

4 Das Gedicht lässt sich inhaltlich in zwei Teile gliedern. Markiere das Wort, das den zweiten Teil einleitet.

5 Im ersten Teil des Gedichts wird das Wort „Friede" in mehreren Sprachen genannt.
a. Markiere jeweils das Wort und die zugehörige Sprache in der gleichen Farbe.
b. Schreibe das Wort „Frieden" in weiteren Sprachen auf.
Tipp: Du kannst Mitschülerinnen und Mitschüler fragen oder das Internet nutzen.

____

____

6 Im zweiten Teil des Gedichts werden Tätigkeiten genannt, die Menschen im Alltag zusammen machen sollen.
a. Schreibe diese alltäglichen Tätigkeiten auf.

____

____

b. Notiere weitere Tätigkeiten, die zu dem Gedicht passen.

____

____

7 Den Inhalt des Gedichts kannst du zusammenfassen. Ordne jedem Teil des Gedichts zwei passende Aussagen zu.

Teil 1	Ein Wort für „Frieden" findet man in vielen Sprachen.
	Du wirst direkt angesprochen und aufgefordert mitzumachen.
Teil 2	Wir können durch unser Zusammenleben gemeinsam für den Frieden sorgen.
	Der Wunsch nach Frieden beschäftigt alle Menschen weltweit.

Du untersuchst die Form und die Sprache des Gedichts.

8 Was fällt dir an der Form und der Sprache des Gedichts Friede auf? Kreuze die zutreffenden Merkmale an.

Das Gedicht besteht aus …
- [ ] mehreren Strophen.
- [ ] mehreren Versen.

Es enthält …
- [ ] keine Reime.
- [ ] Paarreime und Kreuzreime.

Auffällig sind …
- [ ] die Wortwiederholungen.
- [ ] die Wörter in Großbuchstaben.

9 In den Versen 16 bis 21 wird ein Wort oft wiederholt. Schreibe das Wort auf. Beschreibe, wie diese Wiederholung auf dich wirkt.

10 **a.** In Vers 15 heißt es: Du, komm. Wer könnte mit Du gemeint sein? Kreise passende Antworten ein.

die Freundinnen und Freunde | wir alle | ich persönlich | die anderen

b. Wie wirkt es auf dich, dass du als Leserin oder Leser direkt angesprochen wirst? Schreibe einen Satz.

Das Gedicht Friede wurde von Josef Reding geschrieben. Du kannst das Gedicht noch besser verstehen, wenn du etwas über den Autor weißt.

11 Lies die Informationen über Josef Reding.

Josef Reding wurde 1929 in Castrop-Rauxel* geboren. 1944 wurde er als 15-Jähriger zum Kriegsdienst im Zweiten Weltkrieg eingezogen. Er kam in amerikanische Kriegsgefangenschaft. Nach dem Krieg studierte Josef Reding in Münster und in den USA. Er war in der Friedensbewegung aktiv und setzte sich für Menschen in Armut ein. Josef Reding schrieb Kurzgeschichten, Hörspiele und Gedichte. Er starb 2020 in Dortmund.

* Castrop-Rauxel: eine Stadt in Nordrhein-Westfalen

12 a. Welche Informationen über Josef Reding helfen dir, das Gedicht besser zu verstehen? Markiere sie im Text auf Seite 70.

b. Welche Erfahrungen könnten Josef Reding dazu gebracht haben, das Gedicht zu schreiben? Schreibe deine Vermutung auf.

13 In dem Gedicht Friede steckt eine Botschaft.

a. Lies das Gedicht auf Seite 68 noch einmal in Ruhe.

b. Schreibe die Botschaft in deinen Worten auf.

Alle Menschen sollen …
Es ist wichtig, …

c. Warum wirkt das Gedicht zu jeder Zeit aktuell? Schreibe deine Meinung dazu auf.

Du hast das Gedicht untersucht. Nun kannst du deine Ergebnisse und Gedanken zusammenfassen.

14 Schreibe die **Einleitung**. Nenne den Titel des Gedichts, den Namen des Autors und das Thema.
In dem Gedicht „…“ von dem Autor … geht es um …

15 Schreibe den **Hauptteil**.
- Fasse den Inhalt der beiden Gedichtteile zusammen. (Aufgabe 7)
- Beschreibe die Form des Gedichts. (Aufgabe 8)
- Beschreibe die besondere Sprache und ihre Wirkung. (Aufgaben 8 bis 10)
- Nenne auch Informationen über den Autor, die für das Verstehen des Gedichts wichtig sein können. (Aufgabe 12)
- Schreibe auf, welche Botschaft das Gedicht vermitteln soll. (Aufgabe 13)

Im ersten Teil geht es um …. Im zweiten Teil …
Das Gedicht besteht aus … Auffällig sind …
Für Josef Reding war das Thema Frieden vermutlich wichtig, denn er …
Die Botschaft des Gedichts: …

16 Beschreibe im **Schluss**, wie das Gedicht auf dich wirkt.

Krieg und Frieden – ein Gedicht erschließen

Das folgende Gedicht beschreibt auf eine besondere Weise den Krieg und den Frieden.

1 Sieh dir das Bild an und lies das Gedicht.

Krieg und Frieden *Ingeborg Görler*

Krieg ist etwas
im Fernsehen
man kann es abschalten

Krieg ist etwas
in der Zeitung
man kann Salat drin einwickeln

Krieg ist etwas
das die Alten erlebt haben
man kann's nicht mehr hören

Krieg ist meistens weit weg

Frieden ist nichts
was man mal
anschalten kann

Frieden ist nichts
was sich schnell
auswickeln lässt

Frieden ist nichts
was man Jüngeren oder Älteren
überlassen soll

Frieden beginnt immer ganz nah

2 Das Gedicht besteht inhaltlich aus zwei Teilen.
a. Markiere mit einer Linie, wo der erste Teil endet.
b. Fasse zusammen, worum es im ersten und im zweiten Teil geht.

Im ersten Teil des Gedichts geht es um ______________________________.

Im zweiten Teil ____.

Du untersuchst den Inhalt des Gedichts genauer.

3 In Vers 10 heißt es: Krieg ist meistens weit weg.
Wie erfahren Menschen, die nicht direkt betroffen sind, etwas über den Krieg?
Wie reagieren sie?
Lies noch einmal die ersten drei Strophen. Notiere Stichworte in der Tabelle.

	Wo oder wodurch erfährt man etwas vom Krieg?	**Wie reagiert man?**
1. Strophe		*abschalten*
2. Strophe		
3. Strophe	*durch alte Menschen*	

4 Warum reagieren viele Menschen so auf den Krieg? Kreuze an, was deiner Meinung nach zutrifft. Oder schreibe einen eigenen Satz.

- ☐ Der Krieg ist weit weg und geht mich nichts an.
- ☐ Ich will nichts von Krieg wissen, denn er macht mir Angst.

5 Im zweiten Teil des Gedichts wird beschrieben, was Frieden **nicht** ist.
Welche Aussagen über den Frieden stecken dahinter?
Verbinde jeden Satzanfang mit einer passenden Ergänzung.

Frieden ist nichts, was man mal anschalten kann, sondern …	… alle Menschen müssen etwas dafür tun.
Frieden ist nichts, was sich schnell auswickeln lässt, sondern …	… er sollte dauerhaft sein.
Frieden ist nichts, was man Jüngeren oder Älteren überlassen soll, sondern …	… es braucht Zeit, um den Frieden aufzubauen.

6 Im letzten Vers heißt es: Frieden beginnt immer ganz nah.
Was könnte damit gemeint sein? Schreibe einen Gedanken dazu auf.

Du untersuchst die Form und die Sprache des Gedichts.

7 Was fällt dir an der Form und der Sprache des Gedichts Krieg und Frieden auf? Überprüfe die folgenden Aussagen und streiche die falschen durch.

Das Gedicht besteht aus acht Strophen.
Jede Strophe hat drei Verse.
Am Ende der Verse stehen Reime.
Mehrere Strophen beginnen mit Wiederholungen.
Es gibt keine Satzzeichen.
Der erste und der zweite Teil des Gedichts sind gleichförmig aufgebaut.

8 Untersuche den Aufbau des Gedichts genauer.
a. Unterstreiche die gleichförmigen Satzanfänge.
b. Markiere die gegensätzlichen Wörter.

Krieg ist etwas
im Fernsehen
man kann es abschalten

Krieg ist etwas
in der Zeitung
man kann Salat drin einwickeln

Krieg ist etwas
das die Alten erlebt haben
man kann's nicht mehr hören

Krieg ist meistens weit weg

Frieden ist nichts
was man mal
anschalten kann

Frieden ist nichts
was sich schnell
auswickeln lässt

Frieden ist nichts
was man Jüngeren oder Älteren
überlassen soll

Frieden beginnt immer ganz nah

9 Sieh dir die Sprache des Gedichts genauer an.
Was kannst du über die Wortwahl sagen? Ergänze den Satz.

einfache, alltägliche, rätselhafte, schwierige

Im Gedicht werden ______________________ Wörter

verwendet, wie zum Beispiel ______________________.

10 Wie wirken der Aufbau und die Sprache des Gedichts auf dich?
Beschreibe die Wirkung im ganzen Satz.
Du kannst Wörter vom Rand verwenden.

deutlich, eindringlich, intensiv, übertrieben, interessant, eintönig …

Das Gedicht Krieg und Frieden wurde von Ingeborg Görler geschrieben. Du kannst das Gedicht noch besser verstehen, wenn du etwas über die Autorin und die Zeit weißt.

Ingeborg Görler wurde 1937 in Dessau (Sachsen-Anhalt) geboren. Ihre Kindheit verlebte sie im Zweiten Weltkrieg (1939 bis 1945). Die Kriegserfahrungen prägten sie genauso wie die Zeit als Jugendliche im zerstörten Deutschland nach dem Krieg. Ingeborg Görler arbeitete als Lehrerin und Journalistin, sie reiste viel und schrieb Gedichte. Das Gedicht „Krieg und Frieden" erschien Anfang der 1980er-Jahre. Es war die Zeit des „Kalten Krieges", in der viele Menschen in Europa Angst vor einem Atomkrieg hatten.

11 **a.** Welche Erfahrungen könnten Ingeborg Görler dazu gebracht haben, das Gedicht zu schreiben? Markiere im Text.

b. Welche Botschaft möchte die Autorin mit dem Gedicht vermitteln? Schreibe deine Vermutung auf.

Die Autorin Ingeborg Görler brachte den gedicht „Krieg und Frieden raus um zu zeigen

Du hast das Gedicht untersucht. Nun kannst du deine Ergebnisse und Gedanken zusammenfassen.

12 Schreibe die **Einleitung**. Nenne den Titel des Gedichts, den Namen der Autorin und das Thema.

In dem Gedicht „…" von der Autorin … geht es um …

13 Schreibe den **Hauptteil**.

- Fasse den Inhalt des Gedichts zusammen. (Aufgaben 3–6)
- Beschreibe die Form des Gedichts. (Aufgabe 7)
- Beschreibe den Aufbau und die Sprache und ihre Wirkung. (Aufgaben 7–10)
- Nenne auch Informationen über die Autorin, die für das Verstehen des Gedichts wichtig sind. (Aufgabe 11a)
- Schreibe auf, welche Botschaft das Gedicht vermitteln könnte. (Aufgabe 11b)

Im ersten Teil geht es um … Im zweiten Teil …
Das Gedicht besteht aus … Auffällig sind …
Für Ingeborg Görler war das Thema Krieg und Frieden vermutlich wichtig, denn sie …
Die Botschaft des Gedichts könnte sein: …

14 Beschreibe im **Schluss**, wie das Gedicht auf dich wirkt.

Die Zeichen – ein Gedicht untersuchen und interpretieren

Das folgende Gedicht von Alfred Lichtenstein erschien im Jahr 1913, kurz vor Beginn des Ersten Weltkriegs.

1 Worum könnte es in dem Gedicht gehen?

a. Lies den Titel und berücksichtige die Entstehungszeit des Gedichts. Stelle Vermutungen an, was mit „Die Zeichen" gemeint sein könnte.

Der Titel „Die Zeichen" könnte darauf hinweisen, dass

b. Lies das Gedicht im Ganzen.

Die Zeichen (1913) *Alfred Lichtenstein*

Die Stunde rückt vor.
Der Maulwurf zieht um.
Der Mond tritt wütend hervor.
Das Meer stürzt um.

Das Kind wird Greis[1]. *altert sehr schnell*
Die Tiere beten und flehen.
Den Bäumen ist der Boden unter den Füßen zu heiß.
Der Verstand bleibt stehen.

Die Straße stirbt ab.
Die stinkende Sonne sticht.
Die Luft wird knapp.
Das Herz zerbricht.

Der Hund hält erschrocken den Mund.
Der Himmel liegt auf der falschen Seite.
Den Sternen wird das Treiben zu bunt.
Die Droschken[2] suchen das Weite.

[1] der Greis: ein alter Mensch [2] die Droschke: die Kutsche, das Pferdefuhrwerk

Du untersuchst den Inhalt des Gedichts genauer.

2 Im ersten Vers heißt es: „Die Stunde rückt vor."

a. Kreuze an, welches der folgenden Bilder für dich am besten zu dem Vers passt.

☐ 

☐ 

☐ 

b. Begründe deine Wahl, indem du die Wirkung des Bildes beschreibst. Du kannst die folgenden Begriffe nutzen.

zu spät | Untergang | Vergänglichkeit

Ich finde Bild ___ passend, weil ________________________________

____.

3 In dem Gedicht werden verschiedene Bereiche des Lebens angesprochen: die Natur, die Tiere und die Pflanzen, die Menschen und die Stadt.

a. Markiere die Begriffe aus den einzelnen Lebensbereichen in den angegebenen Farben. Tipp: Einige Beispiele sind schon vorgegeben.

b. Wähle aus jedem Bereich einen weiteren Begriff aus. Schreibe in deinen eigenen Worten dazu, was beobachtet werden kann.
Beispiel: „Der Maulwurf zieht um." (V. 2) → Der Maulwurf geht woanders hin.

c. Welcher Gesamteindruck entsteht im Gedicht? Kreuze an, welche Aussage zutrifft.

- ☐ Alles bleibt gleich, aber wird bedroht.
- ☐ Alles verändert sich und wird bedroht.
- ☐ Alles verändert sich und bedroht den Menschen.

Die Form und die Sprache des Gedichts unterstützen seinen Inhalt.

4 Gedichte haben eine besondere Form.

a. Ergänze den Lückentext zum Gedicht „Die Zeichen".
Tipp: Der Paarreim hat die Form *aabb*, der Kreuzreim die Fom *abab*.

Das Gedicht „Die Zeichen" von Alfred Lichtenstein, im Jahr 1913 erschienen, besteht aus ____________ *Strophen mit jeweils* ____________ *Versen. Am Ende der Verse findet man durchgehend einen* ________________.

b. Streiche die falschen Angaben in den folgenden Erläuterungen durch.

Die einzelnen Verse sind unterschiedlich / alle gleich lang. Die erste Strophe / Alle Verse / Wenige Verse beginnen mit Anaphern, das heißt mit gleichen Buchstaben oder Wortanfängen. Die Sätze haben einen gleichen/unterschiedlichen sowie einfachen/ komplizierten Satzbau. Deshalb wirkt das Gedicht abwechslungsreich/monoton und düster/fröhlich.

5 Die Natur, die Tiere oder die Pflanzen, aber auch die Stadt werden in dem Gedicht oft mit menschlichen Eigenschaften oder Tätigkeiten beschrieben.

a. Wie nennt man dieses sprachliche Bild? Kreuze an.

☐ Metapher ☐ Personifikation ☐ Vergleich

b. „Der Maulwurf zieht um." (V. 2) Kreuze an, welche Deutung zu diesem Vers am besten passt. Der Maulwurf …

☐ geht auf Wanderschaft. ☐ flüchtet. ☐ braucht Luftveränderung.

c. Unterstreiche im Gedicht weitere Beispiele für dieses sprachliche Bild.

d. Stelle in der Randspalte neben dem Gedicht Vermutungen an, wie sich die sprachlichen Bilder deuten lassen.

e. Beschreibe, wie der Autor das Weltgeschehen insgesamt beurteilt. Du kannst Formulierungen aus dem Wortspeicher nutzen.

Welt gerät ins Wanken | Neubeginn | Absterben des Lebendigen | Flucht | Kreislauf | Beständigkeit

Der Autor verdeutlicht, dass ____________________

____

In seinem Gedicht verarbeitet der Autor persönliche Erfahrungen. Du kannst es noch besser verstehen, wenn du mehr über ihn und sein Leben weißt.

6 **a.** Lies den Text.

Das sogenannte **„expressionistische Jahrzehnt"** in der deutschen Literatur reicht von 1910 bis 1920. Diese Jahre waren eine Zeit voller Umbrüche in Europa, nicht zuletzt wegen der starken politischen Spannungen. Die Schriftstellerinnen und Schriftsteller waren durch eine tiefe Lebensverunsicherung geprägt. Das Wachsen der Städte und der Industrie sowie der sich anbahnende Krieg ließen sie zweifelnd in die Zukunft blicken. Zu den Schriftstellern dieser Zeit gehörte auch **Alfred Lichtenstein.** Er wurde am 23. August 1889 in Berlin als Sohn eines Fabrikanten geboren. Nach dem Abitur studierte er ab 1909 Rechtswissenschaften. Erste Gedichte veröffentlichte der Autor 1910 in der Zeitschrift „Der Sturm". Im Sommer 1913 promovierte er zum Doktor der Rechtswissenschaften an der Universität Erlangen. Im Oktober 1913 trat er als Freiwilliger in das Infanterieregiment[1] ein, musste jedoch kurz nach Ausbruch des Krieges am 8. August 1914 an die Westfront (Kriegsgebiete in Belgien und Frankreich). Alfred Lichtenstein fiel[2] am 25. September 1914 in Frankreich bei Vermandovillers (Département Somme) mit gerade 26 Jahren.

[1] das Infanterieregiment: eine militärische Formation, eine Kampftruppe für den Nahkampf
[2] fiel: hier: starb im Kriegseinsatz

b. Unterstreiche im Text wichtige Informationen zu Alfred Lichtensteins Leben und zum „expressionistischen Jahrzehnt".

7 Erkläre, wie man mithilfe der biografischen und historischen Informationen das Gedicht „Die Zeichen" deuten kann. Ergänze die Sätze.

Alfred Lichtenstein war zunächst ______________________________
______________________________.

In seinem Gedicht „Die Zeichen" zeigt er ______________________________
______________________________.

Typisch für das „expressionistische Jahrzehnt" sind ______________________________
______________________________.

Dies zeigt sich im Gedicht „Die Zeichen" besonders an ______________________________
______________________________.

8 Stelle Vermutungen darüber an, welche Bedeutung das Gedicht in der heutigen Zeit haben könnte. Du kannst die folgenden Begriffe nutzen.

Klimawandel | Krieg | Armut | Umweltzerstörung | Energiekrise | Medienüberflutung

Du hast den Inhalt, die Form und die Sprache des Gedichts untersucht und Bezüge zum Leben des Autors hergestellt. Du verfasst dazu eine Gedichtanalyse.

9 Verschaffe dir einen Überblick über deine Arbeitsergebnisse der Aufgaben 2 bis 8.

Schritt 1: Planen

10 Schreibe eine vollständige Einleitung, in der du die Textsorte, den Titel, den Autor, das Erscheinungsjahr und das Thema nennst.

Schritt 2: Schreiben

In dem Gedicht „Die Zeichen" von … aus dem Jahr … geht es um …

11 Schreibe den Hauptteil mithilfe deiner Ergebnisse der Aufgaben 2 bis 8.
- Fasse den Inhalt des Gedichts in wenigen Sätzen zusammen (Aufgaben 2–3).
- Erläutere die Form des Gedichts (Aufgabe 4).
- Beschreibe die Sprache des Gedichts und ihre Wirkung (Aufgabe 5). Belege deine Aussagen am Text und verwende passende Zitate.
- Stelle Bezüge zum Leben des Autors und zum „expressionistischen Jahrzehnt" her (Aufgaben 6–7).

12 Fasse zum Schluss deinen Gesamteindruck vom Gedicht zusammen.
Tipp: Du kannst schreiben, warum das Gedicht heute noch aktuell sein könnte.
Die zentrale Aussage des Gedichts ist …
Das kann man auch auf die heutige Zeit beziehen, weil …

Schritt 3: Überarbeiten

13 Überarbeite deinen Text. Überprüfe dabei auch die Rechtschreibung, Zeichensetzung und Grammatik.

Wortart: Adverbien

Wissen kompakt

Mit **Adverbien** machen wir genauere Angaben, **wo** (Adverbien des Ortes), **wann** (Adverbien der Zeit), **wie** (Adverbien der Art und Weise) oder **warum** (Adverbien des Grundes) etwas geschieht.
Adverbien **verändern ihre Form nicht.**
Wo? Woher? Wohin? *hier, dort, geradeaus, hinten, …*
Wann? *jetzt, dann, später, sofort, heute, immer, …*
Wie? *sehr, gern, genauso, ebenso, normalerweise, …*
Warum? *darum, deshalb, daher, dadurch, demzufolge, …*

Mara hat einen informierenden Text über nachhaltige Lebensmittel geschrieben.

Nachhaltige Lebensmittel

Eine gesunde und nachhaltige Ernährung finden viele Menschen **heutzutage** wichtig. Die Lebensmittel sollten **daher** fair bezahlt und **möglichst** umweltschonend hergestellt und transportiert werden. Beim Einkaufen kann jeder Mensch **sofort** auf die Nachhaltigkeit der Lebensmittel achten. Obst und Gemüse, das in der eigenen Region wächst und nicht von weit her importiert werden muss, ist **normalerweise** frischer und schmeckt **dadurch** oft besser. Außerdem verdirbt regionales Obst und Gemüse nicht so schnell und wird **deshalb** seltener weggeworfen. Man schont also die Ressourcen* und den eigenen Geldbeutel. Brot und Milchprodukte aus der Region sind **ebenso** umweltschonend, weil die Transportwege kurz sind und **oft** weniger Verpackung nötig ist.

*die Ressourcen: die Rohstoffe

1 Im Text sind einige Adverbien blau hervorgehoben.
Ordne die Adverbien in die Tabelle ein.

Adverbien der Zeit (Wann?)	Adverbien der Art und Weise (Wie?)	Adverbien des Grundes (Warum?)
heutzutage	*möglichst*	daher
sofort	normalerweise	dadurch
oft	ebenso	deshalb

Mara informiert im zweiten Teil ihres Textes über Gütesiegel.
Mit Adverbien möchte sie genauere Angaben machen.

2 Mara hat jeweils zwei Adverbien eingefügt. Überprüfe die Sätze.
Streiche die Adverbien durch, die inhaltlich nicht passen.

Wie kann man im Supermarkt **sofort/~~sehr~~** erkennen, ob ein Lebensmittel nachhaltig ist? Hilfreich sind Gütesiegel, die man auf einen Blick versteht. Sie sollen **~~später~~/jederzeit** Informationen darüber geben, woher ein Produkt kommt, wie die Pflanzen angebaut oder die Tiere gehalten werden. Die Europäische Union* hat **~~gern~~/deshalb** ein Biosiegel eingeführt, das Produkte aus ökologischem Landbau kennzeichnet. Das EU-Biosiegel zeigt **beispielsweise/~~vielleicht~~**, dass ein Lebensmittel keine Geschmacksverstärker oder künstlichen Farbstoffe enthält. Beim Anbau wird auf chemische Pflanzenschutz- und Düngemittel verzichtet. Bei der Tierhaltung haben die Tiere mehr Platz und bekommen **~~niemals~~/immer** ökologisch hergestelltes Futter.

Biosiegel der Europäischen Union (EU)

*die Europäische Union (kurz: EU): ein Zusammenschluss von 27 europäischen Staaten

Mara informiert im dritten Teil ihres Textes über Verpackungen.
Sie hat sich Adverbien notiert, um genauere Angaben zu machen.

3 Ergänze im Text passende Adverbien. Überlege, welche genaueren Angaben du machen möchtest.
Wähle Adverbien vom Rand aus.

besonders, sehr, meist, oft, inzwischen, mittlerweile, hier, dort, also, folglich

Auf dem Wochenmarkt fällt es ~~[illegible]~~ oft leicht, auf Verpackungen zu verzichten. Obst und Gemüse werden inzwichen lose angeboten. Die Kundinnen und Kunden können mittlerweile ihre eigenen Körbe, Netze oder Stoffbeutel nutzen. Auch an der Frischetheke im Supermarkt kann man Käse, Aufschnitt oder Oliven oft in mitgebrachte Dosen füllen lassen. Es gibt sehr viele Möglichkeiten, auf Plastiktüten zu verzichten und dadurch die Umwelt zu schonen.

4 Es gibt viele Möglichkeiten, Verpackungen zu vermeiden.
Schreibe eine weitere Idee in dein Heft. Verwende dabei passende Adverbien.

Statt plastiktasche nehmen einen rucksach benutzen

Indirekte Rede: Verben im Konjunktiv I

Wissen kompakt

Wir können **wörtliche Rede** in **indirekte Rede** umformen. Mit indirekter Rede können wir wiedergeben, was eine andere Person gesagt hat.
In der indirekten Rede verwenden wir Verben im **Konjunktiv I**.
Wir tauschen die Personalpronomen ich, du und die höfliche Anrede Sie durch er, sie aus. Aus den Possessivpronomen meine, deine wird seine, ihre.

wörtliche Rede	***indirekte Rede (Konjunktiv I)***
Herr Jahn sagte: „Ich finde deine Aktion gut."	*Herr Jahn sagte, dass er seine Aktion gut finde.*
Tim fragte: „Machen Sie auch mit?"	*Tim fragte, ob er auch mitmache.*

In der Stadt Bad Kreuznach gibt es einen kostenlosen Lieferservice mit Lastenrädern. Pitt Elben hat diesen Service gegründet.

1 Lies das Gespräch mit Herrn Elben.

Saskia: „Herr Elben, warum haben Sie den Service mit den Lastenrädern ins Leben gerufen?"
Pitt Elben: „Ich will die Menschen dazu anregen, ihre Gewohnheiten zu überdenken und zu verändern."
Saskia: „Welchen Vorteil bringt der Transport mit dem Lastenrad?"
Pitt Elben: „So kann jeder Einkauf emissionsfrei, also klimaschonend, transportiert werden."

2 Schreibe das Gespräch in indirekter Rede auf.
Achte auf den Wechsel der Pronomen.

Sie – er,
haben – habe,
ich – er,
will – wolle,
bringt – bringe,
kann – könne

Saskia fragt Herrn Elben, *warum er den Service mit den Lastenrädern ins Leben gerufen habe.*

Herr Elben sagt, Das er die Menchen dazu anregen will ihre gewohnheit zu überdenken und zu verändern

Saskia fragt, Was für ein vorteil bringe der transp mit dem lastenrad?

Herr Elben sagt, so ____

____.

Saskia möchte über klimaschonenden Transport informieren.

3 Lies Saskias Entwurf.

Mit dem Lastenrad unterwegs

(1) In Bad Kreuznach gibt es seit einigen Jahren einen besonderen, klimaschonenden Service: Ehrenamtliche* Fahrerinnen und Fahrer bringen mit dem Lastenrad die Einkäufe älterer Menschen vom Markt zu ihnen nach Hause. Ich sprach mit Herrn Elben, dem Gründer des Lastenrad-Services. Er sagte, er wolle mit diesem Service die Menschen dazu anregen, die eigenen Gewohnheiten zu überdenken. Jeder Einkauf könne emissionsfrei transportiert werden. Freitags ist Johanna als freiwillige Fahrerin mit dem Lastenrad unterwegs. Sie sagte, der Service zeige den Leuten, wie einfach klimaschonendes Verhalten im Alltag sei.

(2) Auf dem Marktplatz fragte ich einen älteren Mann: „Kennen Sie den Lastenrad-Service?“ Der Mann antwortete: „Ich habe den Service schon ein paar Mal für meine Einkäufe genutzt und finde die Idee nicht schlecht.“ Seine Begleiterin ergänzte: „Dieser Lieferservice schont das Klima und ist gleichzeitig ein Beitrag zum sozialen Miteinander.“ Ähnliche Aktionen findet man auch in anderen Städten. Oft kann man sich die Lastenräder auch kostenlos oder gegen eine Spende ausleihen.

*ehrenamtlich: freiwillig tätig, ohne Bezahlung

In einem informierenden Text vermeidest du wörtliche Rede.
Du verwendest dann die indirekte Rede.

4 Im Abschnitt (1) hat Saskia die indirekte Rede verwendet. Markiere die Verben im Konjunktiv I.

5 Der Abschnitt (2) enthält noch wörtliche Rede.
a. Unterstreiche die wörtliche Rede.
b. Forme sie in indirekte Rede um. Achte auf den Wechsel der Pronomen.

kennen – kenne,
Sie – er,
ich habe – er habe,
meine – seine,
ich finde – er finde,
schont – schone,
ist – sei

Ich fragte einen älteren Mann, ob

Indirekte Rede: Verben im Konjunktiv I und II

Wissen kompakt

Mit dem **Konjunktiv I** können wir wiedergeben, was jemand anderes gesagt hat (indirekte Rede).	*Keana: „Umweltschutz ist wichtig."* *Keana sagt, Umweltschutz sei wichtig.*
Wir verwenden den **Konjunktiv II**, wenn wir etwas Unwahrscheinliches, Träume oder Wünsche ausdrücken wollen. Der Konjunktiv II wird in der Regel vom Indikativ Präteritum abgeleitet und mit der Personalendung im Konjunktiv gebildet.	*Wenn ich viel Geld hätte, würde ich mir ein E-Bike kaufen.*
Achtung: Sind der **Konjunktiv I** und der **Indikativ nicht zu unterscheiden**, verwendet man den **Konjunktiv II** oder die **würde-Umschreibung**.	*Sie versprechen: „Wir fahren häufiger mit dem Rad." → Sie versprechen, sie fahren häufiger mit dem Rad (Konjunktiv I = Indikativ), also:* *Sie versprechen, sie würden häufiger mit dem Rad fahren. (würde-Umschreibung)*

Keana unterhält sich mit Tim über eine klimafreundlichere Mobilität.

Keana: „Du kannst deinen Beitrag zum Klimaschutz leisten, indem du zum Beispiel kurze Strecken zu Fuß gehst. Wäre das machbar?"
Tim: „Das ist so zeitintensiv, es dauert zu lange."
Keana: „Du könntest doch mit dem Fahrrad fahren."
Tim: „Im Herbst oder im Winter, wenn es kalt und windig ist, macht das keinen Spaß. Aber wenn ich zum Fußballtraining muss, fahre ich schon manchmal mit dem Fahrrad."
Keana: „Das ist doch gut. Aber auch die Nutzung öffentlicher Verkehrsmittel ist ein Beitrag zum Umweltschutz. Außerdem ist die Fahrt mit Bus und Bahn viel sicherer als mit dem eigenen Pkw."
Tim: „Das geht bei Wochenendturnieren wegen des Busverkehrs halt nicht. Das passt dann nicht zu den Turnierzeiten."
Keana: „Dann wäre es zumindest sinnvoll, Fahrgemeinschaften zu bilden."
Tim: „Das machen wir immer."

1 Markiere die wörtliche Rede von Tim.

2 Unterstreiche Keanas Sätze, die im Konjunktiv II stehen.

Keana schreibt ihrer Freundin Mia aus der Umweltgruppe eine Nachricht, in der sie indirekt wiedergibt, was Tim gesagt hat.

Heute wollte ich Tim überzeugen, aktiver am Klimaschutz mitzuwirken. Tim ist der Meinung, zu Fuß zu gehen sei so zeitintensiv und dauere zu lange. Mit dem Fahrrad fahre er zum Fußballtraining, aber im Winter, wenn es kalt und windig sei, mache das keinen Spaß. Hast du noch eine Idee, was ich ihm vorschlagen könnte?

3 Markiere die Sätze, die Keana indirekt wiedergibt.

4 Ergänze Keanas Nachricht. Schreibe die Sätze von Tim in der indirekten Rede auf.

a. Nutze für die folgenden Sätze den Konjunktiv I.

Tim entgegnet: „Das geht bei Wochenendturnieren wegen des Busverkehrs halt nicht. Das passt dann nicht zu den Turnierzeiten."

____

____

b. Im folgenden Beispiel unterscheiden sich Indikativ und Konjunktiv I nicht. Verwende für den Satz daher die Umschreibung mit „würde".

Tim sagt: „Das machen wir immer."

____

c. Keana fragt Mia, was sie Tim noch vorschlagen könnte. Schreibe einen Wunsch auf. Verwende den Konjunktiv II.

____

In der Klasse steht eine Debatte zum Thema „Mobilität" an. Keana formuliert zur Vorbereitung Argumente für eine klimafreundlichere Mobilität. Sie informiert sich beim Bundesministerium für Digitales und Verkehr.

Ziel ist die Reduzierung der Emissionen im Verkehr bis zum Jahr 2030 um 48 Prozent, weil in Deutschland etwa 20 Prozent der Treibhausgasemissionen auf den Bereich Verkehr entfallen. Viele Maßnahmen bewirken, dass die Mobilität von morgen klimafreundlicher wird. Beispielsweise können eine Erhöhung des Anteils elektrischer Pkw bei den Neuwagen und die Förderung der Anschaffung von klimaschonenden Lkw hilfreich sein.

5 Schreibe für Keana Argumente in deinem Heft auf. Setze dazu die Aussagen des Bundesministeriums in die indirekte Rede. Nutze den Konjunktiv II oder die Umschreibung mit „würde", wenn sich Konjunktiv I und Indikativ nicht unterscheiden.

Für den Klimaschutz müssen wir unser mobiles Verhalten verändern.
Das Bundesministerium für Digitales und Verkehr sagt, das Ziel …

Satzgefüge: Sätze mit dass, weil, damit, obwohl

Wissen kompakt

Satzgefüge bestehen aus einem **Hauptsatz** und einem **Nebensatz**.
Mit einem Nebensatz können wir zum Beispiel einen Grund (**weil**), eine Absicht (**damit**) oder einen Gegensatz (**obwohl**) ausdrücken.
*Meine Freundin engagiert sich im Tierheim, **obwohl** das viel Zeit kostet.*
Nach Verben wie **denken, sagen, meinen** folgt oft ein Nebensatz mit **dass**.
*Ich denke, **dass** man bei dieser Tätigkeit viel Neues lernen kann.*

Tarik engagiert sich in seiner Freizeit bei der Jugendfeuerwehr.
Er äußert seine Meinung und nennt Gründe für seine freiwillige Tätigkeit.

Ich denke, dass so eine Tätigkeit für das Gemeinwohl* wichtig ist. Ich bin gerne bei der Jugendfeuerwehr, weil ich auf diese Weise anderen helfen kann. Die Feuerwehr hat viele Aufgaben, zum Beispiel Unfallopfer bergen, Tiere retten, Keller auspumpen, ausgelaufenes Öl beseitigen und natürlich Brände löschen. Obwohl ich schon ein paar Jahre dabei bin, ist doch jeder Feuerwehreinsatz anders. Weil man sich bei den Einsätzen aufeinander verlassen muss, ist der Zusammenhalt in der Gruppe wichtig. Wir verstehen uns gut und haben Spaß zusammen. Ich hatte auch bei meiner Bewerbung für meine Ausbildung Vorteile, weil die Tätigkeit bei der Feuerwehr für meine soziale Kompetenz spricht. Ich glaube, dass unsere Gesellschaft ohne Verantwortung füreinander nicht funktionieren kann. Die freiwillige Feuerwehr übernimmt Verantwortung, damit Brände gelöscht, Menschen oder Tiere geschützt und gerettet werden.

*das Gemeinwohl: das Wohl, das möglichst viele Mitglieder der Gesellschaft betrifft

Mit einem Nebensatz mit dass kannst du deine Meinung ausdrücken.

1 **a.** Welche Meinung hat Tarik zum Thema Gemeinwohl und Verantwortung? Unterstreiche im Text die Satzgefüge mit **dass**.
b. Was denkst du über das Thema? Schreibe einen **dass**-Satz auf.

Mit einem Nebensatz mit weil kannst du deine Meinung begründen.

2 Markiere in Tariks Text die Nebensätze mit **weil**.

Paul überlegt, ob er sich bei der freiwilligen Feuerwehr engagieren könnte.

3 Lies Pauls Meinung und ergänze passende Begründungen für ihn.
Wähle aus den Wortgruppen aus und schreibe Nebensätze mit **weil**.

verschiedene Hobbys ausprobieren | selbst über die Freizeit entscheiden | mich selbst nicht in Gefahr bringen | interessiere mich nicht für Technik und Fahrzeuge | in der Freizeit etwas für mich tun, nicht für andere

Ich glaube, dass eine Tätigkeit bei der Jugendfeuerwehr nicht zu mir passt.

Ich möchte mich nicht bei der Feuerwehr engagieren, ______________________

____.

Die Feuerwehr ist nicht das Richtige für mich, ______________________

____.

Mit einem Nebensatz mit obwohl kannst du einen Gegensatz ausdrücken.
Mit einem Nebensatz mit damit kannst du eine Absicht nennen.

4 Markiere in Tariks Text jeweils einen Nebensatz mit **obwohl** und **damit**.

5 Bilde sinnvolle Satzgefüge, die zu Pauls Meinung passen.
Schreibe die Sätze in dein Heft.

Ich finde die Arbeit der freiwilligen Feuerwehr wichtig,	obwohl	ich gern mit verschiedenen Menschen Kontakt habe.
Die Feuerwehr sollte mehr für sich werben,	weil	ich mich selbst nicht dort engagieren möchte.
Ich könnte vielleicht ehrenamtlich in einem Altenheim tätig sein,	damit	mehr Menschen Interesse an dieser Aufgabe bekommen.

6 Schreibe deine Meinung zum Engagement bei der freiwilligen Feuerwehr auf und begründe sie. Verwende verschiedene Satzgefüge. Schreibe in dein Heft.

Ich finde eine Tätigkeit bei der freiwilligen Feuerwehr gut/nicht gut, weil …
Ich denke, dass … / Ich denke nicht, dass …

Satzreihen und Satzgefüge

Wissen kompakt

Satzreihen bestehen aus **Hauptsätzen.** Diese werden durch ein **Komma getrennt** und oft mit einer **Konjunktion (und, oder, denn, doch, aber …)** verbunden. Vor **und/oder** kann das Komma entfallen.	*Lebensmittelspenden an die Tafeln helfen bei der Lebensmittelrettung und sie unterstützen gleichzeitig arme Menschen.*
Satzgefüge bestehen aus **Hauptsatz** und **Nebensatz**. Der Nebensatz wird oft mit einer **Konjunktion (weil, wenn, damit, während …)** eingeleitet. Nebensätze können auch mit einem Relativpronomen **(der**, **das**, **die** und **die)** eingeleitet werden.	*Täglich werden große Mengen an Lebensmitteln vernichtet, obwohl sie einwandfrei sind.* *Die meisten Haushalte werfen Lebensmittel weg, die noch verwendbar sind.*

Täglich werfen wir Tonnen an Lebensmitteln weg. Paul verfasst einen informierenden Text über die Lebensmittelverschwendung in Deutschland.

Lebensmittelverschwendung in Deutschland – wo und warum?

Weltweit werden ein Drittel der produzierten Lebensmittel weggeworfen. Allein in Deutschland sind dies 11 Millionen Tonnen, das zeigen die aktuellen Zahlen für das Jahr 2020. Der größte Lebensmittelverschwender sind die privaten Haushalte, die vor allem Obst und Gemüse sowie Brot und Backwaren wegwerfen, obwohl diese zum größten Teil noch verwertbar sind.
Doch woran liegt das? Das kann daran liegen, dass wir zu viel einkaufen, dass wir Reste nicht verwerten oder Produkte durch falsche Lagerung unbrauchbar werden.

Lebensmittel retten, Klima schützen

Lebensmittel sind eigentlich wertvoll, da wir bei der Herstellung viele Ressourcen benötigen: Ackerboden, Wasser, Dünger und Energie für die Ernte, die Verarbeitung oder den Transport. Für die Produktion von 1 kg Rindfleisch benötigen wir beispielsweise 15.420 l Wasser und 12.290 g CO_2. Werfen wir diese weg, verschwenden wir diese Ressourcen und noch zusätzliche Energie, weil die Entsorgung ebenfalls Energie kostet.
Bei der Lebensmittelproduktion werden außerdem Treibhausgase wie CO_2 freigesetzt. Das ist umso problematischer, wenn die Lebensmittel dann weggeworfen werden.
Die entsorgten Lebensmittel verursachen so viele Tonnen Treibhausgasemission und diese stünden im Ländervergleich an dritter Stelle der Verursacher von Treibhausgasen.

1 **a.** Kreise im Text die Konjunktionen ein und markiere die Kommas.
b. Unterstreiche die Satzreihen grün und die Satzgefüge blau.
c. Unterstreiche den Relativsatz orange und markiere das Nomen, auf das sich der Relativsatz bezieht.

2 Bilde nach der Vorgabe in Klammern Satzreihen und Satzgefüge.
Verbinde dazu die Sätze mit einer passenden Konjunktion.
Setze ein Komma, wenn nötig.

(Satzgefüge) Weltweit leiden 720 bis 811 Millionen Menschen an Hunger.
Wir werfen Essen weg.

(Satzreihe) Diesen Menschen und ihrem Hunger können wir vielleicht nicht direkt helfen. Es hilft, sorgsam mit Lebensmitteln umzugehen und Lebensmittelverschwendung zu vermeiden.

(Satzreihe) Die übermäßige Lebensmittelproduktion trägt zur Verknappung von verfügbarer Anbaufläche bei. Die Lebensmittelproduktion fördert damit eine Steigerung der Preise für Lebensmittel.

(Satzgefüge) Die Lebensmittelverschwendung zu reduzieren kann gelingen.
Es müssen sich möglichst viele beteiligen.

(Satzgefüge/Relativsatz) Das Projekt *Zu gut für die Tonne* zeigt, wie man Lebensmittelverschwendung reduzieren kann. Es wurde vom Bundesministerium für Ernährung und Landwirtschaft (BMEL) initiiert.

Außerdem möchte Paul Tipps formulieren, wie man Lebensmittelverschwendung zu Hause vermeiden kann. Dafür hat er schon Informationen gesammelt.

3 Welche Produkte werfen wir laut Abbildung überwiegend wegen eines überschrittenen Mindesthaltbarkeitsdatums (MHD) weg?
Notiere mindestens zwei Sätze mit *weil*.

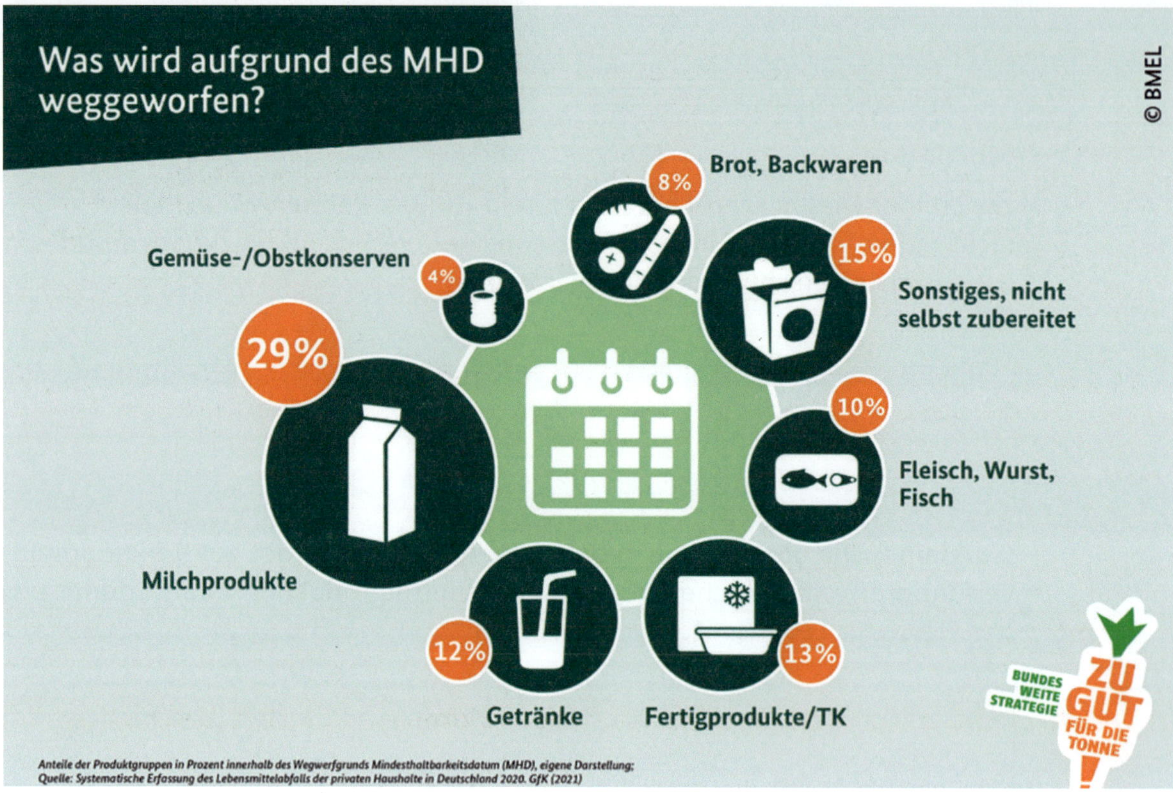

4 Paul hat bereits Stichworte gesammelt. Formuliere in deinem Heft mithilfe von Satzreihen, Satzgefügen oder Relativsätzen sinnvolle Tipps, um Lebensmittelverschwendung zu vermeiden.

A *Einkaufszettel | kein Muss | sinnvoller Begleiter*
B *Speiseplan | nächste Tage | Einkaufszettel | Zutaten notieren | brauchen*
C *Frisches und leicht Verderbliches | zum Beispiel Fisch oder Fleisch | nur kaufen, wenn benötigt | nicht sehr lange haltbar*
D *Obst oder Gemüse | haltbar | mehrere Tage | richtig gelagert | kleinen Macken | genießbar |*
E *meist nur um Druckstellen oder Schönheitsfehler | problemlos entfernen*

Die richtige Kühlung von Lebensmitteln ist wichtig, damit sie nicht verderben.

5 Wie und wo sollten am besten leicht verderbliche Lebensmittel gelagert werden? Notiere mindestens zwei Sätze mit *weil* oder Relativpronomen.

Paul hat mit den Materialien folgenden informierenden Text geschrieben.

Das Mindesthaltbarkeitsdatum ist abgelaufen. Wir werfen deshalb meistens Milchprodukte, Fleisch und Fisch, aber auch Getränke und Fertigprodukte weg. Eine richtige Lagerung im Kühlschrank ist wichtig. So bleiben die Lebensmittel möglichst lange genießbar. Im Kühlschrank herrschen unterschiedliche Temperaturzonen. Es ist immer wärmer, je höher sich die Lebensmittel befinden. Die Lebensmittel, wie z. B. Fleisch und Fisch, sollten im untersten Fach über der Schublade aufbewahrt werden. Die Lebensmittel können schnell verderben. Dort ist es am kältesten. Dies sollte man auch erst dann kaufen, wenn man sie braucht. Obst und Gemüse kann man mehrere Tage in der Schublade im Kühlschrank lagern. Macken sind meist nur Druckstellen. Man muss das Obst oder Gemüse nicht wegwerfen. Mithilfe eines Speiseplans für die Woche und eines Einkaufszettels kauft man nur das Benötigte. Man vermeidet, dass viele Lebensmittel weggeworfen werden. Zusätzlich sollte man sich Zeit beim Einkaufen nehmen und die Preise und Packungsgrößen vergleichen. In Eile kauft man oft die Großpackungen. Die Großpackung wird meist nicht ganz verzehrt und weggeworfen.

6 **a.** Lies den Text und notiere in deinem Heft, was dir auffällt.
b. Überarbeite den Text in deinem Heft. Verwende Satzreihen, Satzgefüge und Relativsätze, um Zusammenhänge darzustellen.

Umgangssprache und Standardsprache

Wissen kompakt

Wenn wir **privat** etwas schreiben, verwenden wir oft die **Umgangssprache**.
Wenn wir **offiziell** etwas schreiben, verwenden wir die **Standardsprache**.
Diese ist sachlich und höflich und für alle verbindlich.
Umgangssprache: *Hey Anna, sorry, morgen kann ich nicht, mich hat's voll erwischt.*
Standardsprache: *Sehr geehrte Frau Müller, leider muss ich den morgigen Termin absagen, weil ich krank bin.*

Paul lädt seinen Vater zur Abschlussfeier ein. Er schreibt eine E-Mail.

Hi Papa, ich hab's geschafft, Schule ist durch. Freitag 25.06. steigt unsere Feier in der Aula, Start 10 Uhr. Erst wird ein bisschen gelabert, ein paar Leutchen trällern ein Lied, die Tanz-AG performt und wir zeigen Videoclips aus der Schulzeit. Dann gibt's die Zeugnisse + was zu futtern und zu trinken. Wäre echt cool, wenn du kommst! Dein Paul

1 Markiere die umgangssprachlichen Wörter in Pauls Einladung.

2 Lies nun die offizielle Einladung zur Abschlussfeier.

1 Liebe Eltern, liebe Freundinnen und Freunde, liebe Verwandte,
2 bald haben wir es geschafft, unsere Schulzeit ist beendet. Das möchten wir
3 gerne mit Euch feiern. Die Abschlussfeier findet am Freitag,
4 dem 25.06.2023, um 10 Uhr in unserer Schul-Aula statt. Euch erwartet
5 ein buntes Programm: Es werden Reden gehalten, einige Schülerinnen und
6 Schüler tragen ein Lied vor, die Tanz-AG präsentiert einen Tanz. Wir zeigen
7 auch Filme aus unserer Schulzeit. Anschließend werden die Zeugnisse
8 überreicht und ein Buffet mit Essen und Getränken steht bereit.
9 Wir freuen uns auf Euer Kommen. Eure Klasse 10 a

Die beiden Einladungen haben fast den gleichen Inhalt, sie sind aber unterschiedlich geschrieben.

3 In Pauls E-Mail sind vier Wortgruppen und Sätze farbig unterstrichen. Finde in der offiziellen Einladung die Wortgruppen und Sätze, die das Gleiche meinen. Unterstreiche sie in der gleichen Farbe.

Die offizielle Einladung ist in Standardsprache geschrieben.

4 Kreuze an, welche Merkmale auf die Standardsprache zutreffen.

- ☐ locker und höflich
- ☐ vollständige Sätze
- ☐ Abkürzungen
- ☐ eine höfliche Anrede
- ☐ sachlich und höflich
- ☐ unvollständige Sätze
- ☐ umgangssprachliche Wörter

Die Klasse 10 plant zum Abschluss einen Ausflug in den Freizeitpark. Naomi und Anna haben eine Anfrage geschrieben.

Hallo zusammen,

Ihr Angebot für Abschlussklassen finden wir mega und wollen gern im Juni im Freizeitpark absteigen. Wir wären am Start mit 28 Schülerinnen und Schülern und zwei Lehrkräften. Angebot 3 wäre am coolsten. Was müssen wir pro Person blechen für 2 Tageskarten + Übernachtung vom 20.06.–21.06.2023? Wir stehen voll auf Grusel. Gibt's da was bei Ihnen?

Vielen Dank für Ihre Info.

Liebe Grüße, Naomi und Anna

5 Markiere in dem Entwurf die Wörter, Wortgruppen und Sätze, die umgangssprachlich sind.

6 Überarbeite den Entwurf. Schreibe die Anfrage in Standardsprache auf. Du kannst folgende Wörter und Wortgruppen verwenden.

Sehr geehrte Damen und Herren | besuchen | interessieren uns für | eine Gruppe von | wie viel kostet | bezahlen | inklusive | Könnten Sie uns bitte schreiben, … | Auskunft | Informationen | Mit freundlichen Grüßen

Sprachvarietäten

Wissen kompakt

Innerhalb einer Sprache gibt es mehrere **Sprachvarietäten.**

Die **Standardsprache** ist die allgemein verbindliche Form einer Sprache, wie sie in der Öffentlichkeit gebraucht wird.	*Guten Tag, Frau Özdemir, wie kann ich Ihnen weiterhelfen?*
Unter **Umgangssprache** versteht man dagegen eine Sprachvarietät, die im Alltag und vor allem im privaten Umfeld, also unter Freundinnen und Freunden sowie in der Familie, verwendet wird. Sie kann besondere Wörter enthalten.	*Hast du Kohle?*

Es ist wichtig, den Unterschied zwischen den Sprachvarietäten zu kennen.

1 Im Kasten findest du Anlässe für Standardsprache und Umgangssprache und dazu beispielhafte Formulierungen.
a. Ordne die Anlässe den Sprachvarietäten zu und trage sie in die Tabelle ein.
b. Finde zu den Anlässen passende Formulierungen und trage sie ebenfalls ein.

Gespräch mit Freundinnen/Freunden | ~~offizielle/-r Brief/E-Mail, Anfrage~~ | Hallo, kann ich bei euch ein Praktikum machen? | Gespräch mit fremden Personen / im Beruf | Lass uns ne Runde zocken! | Gespräch mit den Eltern | Wie kann ich Ihnen behilflich sein? | Sehr geehrte Damen und Herren, hiermit bewerbe ich mich um ein Praktikum in Ihrer Firma. | Lasst mich doch mal ein bisschen chillen!

	Anlass	Beispiel
Standard-sprache	1. *offizielle/-r Brief/E-Mail, Anfrage* 2. ______	1. ______ 2. ______
Umgangs-sprache	1. ______ 2. ______	1. ______ 2. ______

2 **a.** Eine Formulierung in Aufgabe 1 bleibt übrig. Markiere diese Formulierung.
b. Erkläre, warum sie nicht zugeordnet werden kann.

Wenn du dich in eine literarische Figur hineinversetzt und Texte aus ihrer Sicht schreibst, übernimmst du auch das Sprachverhalten der Figur.

3 Skater ist die Hauptfigur in dem Roman „Paranoid Park" von Blake Nelson.
a. Lies die folgende Textstelle aus dem Roman.

Es war cool, mit den Typen zu reden. Ich hatte längst gehen wollen, aber ich wusste nicht, wohin, und es war irgendwie spannend, sich mit so einem wie Schramme zu unterhalten.

b. Schreibe auf, welche Sprachvarietät dort verwendet wird.

c. Markiere die Wörter und Wendungen, die auf diese Sprachvarietät hinweisen.

4 **a.** Lies auf Seite 51 den weiteren Romanauszug aus „Paranoid Park" (Zeilen 3 bis 25).
b. Finde mindestens drei weitere Beispiele für die Sprachvarietät im Text und schreibe diese in die Tabelle.
c. Übertrage die Beispiele in die Standardsprache.

Umgangssprache	Standardsprache
Nach einer Weile war ihr Bier alle. (Z. 10)	*Nach einer Weile gab es kein Bier mehr.*

5 **a.** Skater überlegt, bei der Aktion mitzumachen. Lies die folgende Textstelle.

Sie überredeten mich. Oder ich mich selber. Wie's genau war, weiß ich nicht mehr.

b. Welche Gedanken hat Skater, als er sich entscheidet, beim Aufspringen auf den Zug mitzumachen? Versetze dich in seine Lage und schreibe seine Gedanken und Gefühle in deinem Heft auf. Schreibe mindestens fünf Sätze und verwende eine Sprache, die zu Skater passt.

Sprachliche Bilder deuten

Wissen kompakt

Sprachliche Bilder machen einen Text anschaulich. Die eigentliche Bedeutung von Wörtern oder Wortgruppen wird verändert, die Wörter bekommen eine neue Bedeutung. So entstehen Bilder in der Fantasie der Lesenden und Zuhörenden. Sprachliche Bilder sind zum Beispiel:
*der **Vergleich** (Worte so süß wie Honig), die **Personifikation** (das Glück klopft an deine Tür), die **Metapher** (möchte ich eine Brücke sein).*

In Gedichten und Liedern werden oft sprachliche Bilder verwendet.

1 Lies den Auszug aus dem Liebeslied.

Sag einfach ja *Tim Bendzko*

Keine Ahnung, was passiert ist
Wo kommst du denn plötzlich her?
Eine wie du, die sagt: „Ich liebe dich"
Gibt's doch eigentlich nicht mehr
Ich hätte nie von dir zu träumen gewagt
Und jetzt bist du plötzlich wahr

Dieser Tag
Verlangt nur das eine von dir
Sag einfach ja
Für **diese Reise mit mir**

Mich traf der Blitz, als ich dich lächeln sah
Beim nächsten Herzschlag war uns beiden alles klar
Du machst den ersten Schritt, **ich trage dich dann**
Wo du auch hinwillst, wenn du das Glück ertragen kannst
Dann fängt ein neues Leben an
Es hat noch nie so gut getan
[…] V

2 Wie ist dein erster Eindruck? Schreibe in Stichworten auf, worum es in dem Lied geht und welche Stimmung es vermittelt.

In dem Lied findest du Metaphern. Die eigentliche Bedeutung der Wörter und Wortgruppen wird verändert. Es entsteht eine neue Bedeutung.

3 In Vers 10 heißt es: Für diese Reise mit mir.
Kreuze an, was für eine Reise hier gemeint sein könnte.

☐ ein gemeinsamer Urlaub
☐ ein Stück gemeinsames Leben
☐ eine Traumreise
☐ eine Zugfahrt

4 Erkläre die folgenden Metaphern aus dem Lied. Schreibe auf, welche Bedeutung sie deiner Meinung nach haben.

konnte es kaum fassen | ich stehe zu dir | Liebe auf den ersten Blick | ein plötzlicher Schmerz | ich bin an deiner Seite | ich trage dein Reisegepäck

„Mich traf der Blitz" (Vers 11): ______________________________

____

„ich trage dich dann" (Vers 13): ______________________________

____

**Maja hat das Lied Sag einfach ja untersucht.
Du liest ihren Entwurf und ergänzt ihn.**

In dem Lied „Sag einfach ja" von Tim Bendzko hat sich das lyrische Ich verliebt. Es fordert die geliebte Person auf, „ja" zu sagen zu der „Reise" mit ihm (Verse 9–10). Die Metapher der Reise bedeutet hier, dass das lyrische Ich einen Teil seines Lebens mit der geliebten Person verbringen möchte. Diese gemeinsame Reise wirkt romantisch und aufregend.

5 Ergänze Majas Text. Nenne zwei weitere Metaphern aus dem Lied. Gib auch die Verse an. Schreibe auf, was die Metaphern bedeuten könnten und wie sie wirken. Tipp: Nutze deine Ergebnisse aus Aufgabe 4.

Sprachliche Bilder deuten

Wissen kompakt

Sprachliche Bilder sind Wörter oder Wortgruppen, die in einer übertragenen Bedeutung verwendet werden. So entstehen Bilder in der Fantasie der Leser/-innen.

Der Vergleich: Zwei verschiedene Dinge werden miteinander verknüpft, oft durch das Wort **wie**.	*schön wie eine Rose*
Die Personifikation: Eine Sache, ein Tier oder eine Naturerscheinung wird als Person dargestellt mit menschlichen Eigenschaften oder Fähigkeiten.	*Die Autos schreien.*
Die Metapher: Ein Wort oder eine Wortgruppe wird aus dem Zusammenhang herausgenommen und auf etwas anderes übertragen.	*Der Nebel drückt die Dächer schwer.*

In Gedichten und Liedern werden oft sprachliche Bilder verwendet.

1 In dem Gedicht „Die Stadt" von Alfred Lichtenstein wird eine Stadt auf besondere Weise beschrieben.

a. Lies die Zitate aus dem Gedicht links und die Bedeutungen rechts.

b. Ordne die Zitate dem richtigen sprachlichen Bild in der Mitte sowie der möglichen Bedeutung zu. Ziehe Linien.

Beispiel	sprachliches Bild	Bedeutung
„Ein weißer Vogel ist der große Himmel."	Metapher	Die Häuser sind alt und kaputt.
„Hart unter ihn geduckt stiert eine Stadt."	Vergleich	Die Luft wird neblig und dunstig.
„Die Häuser sind halbtote alte Leute."	Personifikation	Unter dem Himmel blickt eine Stadt.
„Auf alles legt die grauen Puderhände"	Metapher	Der Himmel sieht aus wie ein weißer Vogel.

2 In dem Gedicht „Nebel" von Alfred Lichtenstein beschreibt ein lyrisches Ich den Zerfall der Welt.

a. Lies die erste Strophe des Gedichts auf der Seite 99.

b. Wie ist dein erster Eindruck? Beschreibe die Stimmung in Stichworten.

Nebel (1913) *Alfred Lichtenstein*

Ein Nebel hat die Welt so weich zerstört.
Blutlose Bäume lösen sich in Rauch.
Und Schatten schweben, wo man Schreie hört.
Brennende Biester schwinden hin wie Hauch.

3 Die sprachlichen Bilder sind in unterschiedlichen Farben unterstrichen.

a. Ordne den Farben das passende sprachliche Bild (Metapher, Personifikation, Vergleich) zu.

grün: ______________________ rot: ______________________

blau: ______________________

b. Zwei sprachliche Bilder sind noch nicht unterstrichen. Unterstreiche diese in der richtigen Farbe.

Luis hat eine Gedichtinterpretation geschrieben und die sprachlichen Bilder analysiert. Dabei sind ihm noch Fehler unterlaufen.

(**1**) Lichtenstein verwendet eine Vielzahl sprachlicher Bilder. Die erste Strophe beschreibt, wie die Welt im Nebel erscheint und abstirbt. Im ersten Vers wird der Nebel, der vielleicht eher unscheinbar und ungefährlich wirkt, als Zerstörer personifiziert. Die Personifikation „Blutlose Bäume“ (V. 2) zeigt, dass alles farblos und tot wirkt, da Menschen ohne Blut gesund und lebensfähig sind. „Blutlose Bäume“ steht also im übertragenen Sinne für den Tod. Die Metapher „lösen sich in Rauch“ (V. 2) unterstreicht dies, da der Rauch Dinge deutlich sichtbar macht. Im nächsten Vers ist von Schreien die Rede, welche man dort hört, wo auch Schatten schweben (vgl. V. 3). Die personifizierten Schatten könnten für die Geister bereits verstorbener Personen stehen, deren Schreie man hört.
(**2**) Mit der ? „brennende Biester“ (V. 4) können entweder Teile der Natur oder ? gemeint sein. Der ? „schwinden hin wie Hauch“ (V. 4) könnte bedeuten, dass die Natur oder auch die Menschen verbrennen und somit ?.

4 **a.** Luis hat im ersten Abschnitt zwei sprachliche Bilder nicht richtig benannt. Markiere die falschen Fachbegriffe.

b. An den markierten Stellen sind ihm Fehler bei der Bedeutung unterlaufen. Was sollte Luis hier notieren? Mache dir in deinem Heft Notizen.

c. Überarbeite den Text und schreibe ihn in deinem Heft auf.

d. Der zweite Abschnitt der Gedichtinterpretation ist noch lückenhaft. Wähle passende Ergänzungen und schreibe den Abschnitt ebenfalls in dein Heft.

verschwinden | *Vergleich* | *Menschen* | *Personifikation* | *Metapher* | *Gespenster* | *erscheinen*

Satzglieder erkennen und umstellen

Wissen kompakt

Die Satzglieder sind die Bausteine eines Satzes. Die Satzglieder können wir erfragen. Wir können die Satzglieder auch umstellen.

Wer oder was? – das Subjekt

Was tut? oder **Was tat?** – das Prädikat

Wen oder was? – das Akkusativ-Objekt

Wem? – das Dativ-Objekt

Wann? oder **Seit wann?** – die adverbiale Bestimmung der Zeit

Wo? oder **Wohin?** – die adverbiale Bestimmung des Ortes

Wie? – die adverbiale Bestimmung der Art und Weise

Das Raumschiff öffnete geräuschlos seine Luke.

Geräuschlos öffnete das Raumschiff seine Luke.

Tim hat den Anfang einer Science-Fiction-Geschichte geschrieben.

Enno wachte auf und stieg vorsichtig aus seiner Schlafkapsel. Er starrte verwirrt auf den schwarzen Computermonitor. In diesem Moment setzte sein Raumschiff zur Landung an. Wo war er? Wie lange hatte er geschlafen? Er wusste es nicht. Nervös trat Enno ans Fenster. Da sah er die ersten Bewohner dieser Welt. Sofort war ihm war klar, dass dies nicht die Erde sein konnte.

1 Beantworte die folgenden Fragen zum Text. Schreibe als Antwort das passende Satzglied auf und markiere es wie im Wissen kompakt oben.

Was tat Enno? *wachte auf* ______________________

Wohin starrte er verwirrt? ______________________

Wer oder was setzte zur Landung an? ______________________

Wie trat Enno ans Fenster? ______________________

Wen oder was sah er? ______________________

Wann war ihm klar, dass dies nicht die Erde sein konnte? ______________________

Mit der Fortsetzung der Geschichte ist Tim noch nicht zufrieden.

(1) Enno verließ das Raumschiff. Er sah sich auf dem Planeten um und entdeckte eine Stadt aus gläsernen Häusern.

(2) Die Lebewesen in dieser Stadt trugen lange Gewänder. Einige hatten grüne Haare. Die Wesen schwebten geräuschlos über den Boden. Sie schienen Enno nicht zu bemerken. Sollte er es wagen? Enno schwebte mutig in eines der gläsernen Häuser hinein. Die Wesen warteten in der Halle vor einem sprudelnden Brunnen. Sie füllten sich dort ihre Gläser.

Durch adverbiale Bestimmungen wird die Geschichte anschaulicher.

2 Ergänze im Abschnitt (1) passende adverbiale Bestimmungen.
Schreibe die Sätze neu auf.

eilig, kurz darauf, neugierig, erstaunt, in der Ferne, hinter einem See, …

Wenn du die Satzglieder umstellst, wird der Text abwechslungsreicher.

3 Im Abschnitt (2) fangen die Sätze oft mit dem Subjekt an.
Markiere die Subjekte am Satzanfang.

4 Gestalte die Satzanfänge abwechslungsreicher. Wähle dazu drei Sätze aus Abschnitt (2) aus und stelle die Satzglieder um. Schreibe diese Sätze neu auf.

5 Erzähle die Geschichte weiter. Schreibe in dein Heft.
Du kannst Wörter und Wortgruppen auswählen.

erfrischendes Getränk | seltsamer Geschmack | freundlich | misstrauisch | sprachen miteinander | tauschten Signale aus | nach langer Zeit | nach einer Weile | zurück zum Raumschiff | weiter in dieser gläsernen Welt

Satzglieder erkennen und umstellen

Wissen kompakt

Wir können die Satzglieder (oder Bausteine) eines Satzes mithilfe von Fragen erkennen:
Wer oder was? – das Subjekt
Was tut? Was hat getan? – das Prädikat
Wen oder Was? – das Akkusativ-Objekt
Wem? – das Dativ-Objekt
Wann? Seit wann? – die adverbiale Bestimmung der Zeit
Wie? – die adverbiale Bestimmung der Art und Weise

Wer oder was liegt am Güterbahnhof?
Die Jugendlichen liegen am Güterbahnhof.
Was tun die Jugendlichen?
Die Jugendlichen beobachten.
Wen oder was beobachten sie?
Sie beobachten die Polizisten.
Seit wann liegen sie hier?
Sie liegen hier lange Zeit.
Wie liegen sie unter den Waggons?
Sie liegen mit Anspannung unter den Waggons.

Die Wörter eines Satzgliedes können wir nur gemeinsam **umstellen**.

Die Jugendlichen klettern auf den Wagen.
Auf den Wagen klettern die Jugendlichen.

Wenn wir den Satz in **Felder** einteilen, erkennen wir, wo etwas im Satz steht. Dabei ist das **Prädikat** im Satz besonders wichtig. Manchmal bildet es eine **Klammer**.

Vorfeld	*linkes Verbfeld*	*Mittelfeld*	*rechtes Verbfeld*	*Nachfeld*
Miguel	*hört*	*dem Gesang*	*zu,*	*völlig berührt.*

Abigail hat einen Auszug aus dem Roman „Train Kids“ von Dirk Reinhardt gelesen.

A Seit über einer Stunde liegen wir am Güterbahnhof von Ciudad Hidalgo, versteckt hinter ein paar verrosteten Waggons auf einem Abstellgleis. […]
B Wir sind unter einen der Waggons gekrochen, tief zwischen die Räder.
C Zum Glück haben sie uns nicht entdeckt und sind nach einer Weile wieder abgezogen.
D Aber dafür sind jetzt Wachposten aufmarschiert, überall entlang der Gleise.

1 **a.** Übertrage die folgende Tabelle in dein Heft. Nimm die Seite quer.
b. Trage die Sätze in die Felder ein. Beginne mit dem finiten Verb.
c. Stelle vier Sätze um, indem du die Satzglieder vertauschst.
d. Markiere das Satzglied, das durch die Umstellung besonders betont wird.

Vorfeld	*linkes Verbfeld*	*Mittelfeld*	*rechtes Verbfeld*	*Nachfeld*
Seit über einer Stunde	*liegen*	*wir …*		

2 Frage nach …
- **a.** … dem Prädikat in jedem Satz. Markiere es.
- **b.** … dem Subjekt in jedem Satz. Markiere es.
- **c.** … der adverbialen Bestimmung der Zeit in den Sätzen A, C und D. Markiere sie.
- **d.** … der adverbialen Bestimmung der Art und Weise in dem Satz C. Markiere sie.
- **e.** Schreibe alle Fragen und Antworten in dein Heft.

Abigail soll einen Auszug aus „Train Kids" analysieren. Dafür verfasst sie eine Zusammenfassung.

3 Lies die Zusammenfassung von Abigail.

Die Wachposten stehen verteilt am Zug entlang. Die Jugendlichen beobachten alles genau aus ihrem Versteck. Die Wachposten fangen die blinden Passagiere ab, die immer öfter versuchen, an den Zug heranzukommen.

Fernando hat einen Plan, den sie durchführen, obwohl sie Angst haben, unter dem Zug zerquetscht zu werden. Die Jugendlichen verschwinden schnell unter dem letzten Wagen, als die Wachposten beschäftigt sind, andere Männer von einem der Wagen herunterzuzerren. Die Jugendlichen kriechen unter dem Zug nach vorne zu dem Wagen mit dem Holz. Sie warten, bis der Gegenzug kommt und auf dem Bahnhof einläuft. Die Leute rennen aus allen Richtungen über die Gleise. Die Leute überrennen dabei die Wachposten. Die Jugendlichen klettern rauf auf den Wagen mit dem Holz und verstecken sich dazwischen. Die Jugendlichen haben es alle auf den Zug geschafft, der Plan hat funktioniert.

Wenn du die Satzglieder umstellst, wird der Text abwechslungsreicher.

4 Gestalte den Text von Abigail abwechslungsreicher.
- **a.** Untersuche die Satzanfänge genau. Notiere, was dir auffällt.

- **b.** Welche Sätze möchtest du umstellen? Markiere sie.
- **c.** Stelle die Satzglieder um. Schreibe den überarbeiteten Text in dein Heft.
  Tipp: Du kannst auch Sätze verbinden und Satzgefüge bilden, um den Text abwechslungsreicher zu gestalten.

  Während die Wachposten verteilt am Zug entlang stehen, beobachten die Jugendlichen …

Ⓡ Regelwissen anwenden: Nomen großschreiben

Wissen kompakt

Nomen schreibe ich **groß**. Mit diesen Merkmalen kann ich prüfen, ob das Wort ein Nomen ist. Oft erkenne ich mehrere Merkmale.
Ich prüfe, ob das Wort …
- Personen, Lebewesen oder Gegenstände bezeichnet: *der Besucher*.
- von einem Artikel begleitet wird: *in dem Museum, ein Ausflug*.
- von einem Adjektiv begleitet wird: *eine schöne Landschaft.*
- von einem Pronomen begleitet wird: *dieses Gebäude, unser Erbe*.
- mit **-ung, -heit, -keit, -nis** oder **-schaft** endet: *das Erlebnis*.

Das Welterbe

Die Chinesische Mauer, das Wattenmeer | und der Kölner Dom haben | eine Gemeinsamkeit. | Sie stehen auf der Liste | der Welterbe, | weil sie eine besondere Bedeutung | für die Menschheit haben. | Die Menschen in den einzelnen Ländern | sollen sich um diese Orte kümmern | und sie für die Zukunft bewahren. | Die UNESCO* führt die Liste | der Welterbe.

*die UNESCO (sprich: Unesko): eine Organisation der Vereinten Nationen, die sich weltweit um Bildung und Kultur kümmert

1 Im Text sind einige Nomen blau gedruckt.
Schreibe die Nomen zu den passenden Merkmalen.

Personen, Lebewesen, Gegenstände	Mauer,
von einem Artikel oder Pronomen begleitet	Zukunft, Menschheit, Liste , Gemeinsamkeit, Menschen, Orte
von einem Adjektiv begleitet	
mit **-ung, -heit, -keit, -nis** oder **-schaft** am Wortende	Gemeinsamkeit, Bedeutung, Menschheit

2 **a.** Finde in den folgenden Sätzen zehn Nomen und markiere sie.
b. Schreibe die Sätze fehlerfrei in dein Heft.

Achtung: Fehler!

Unterschiedliche orte können welterbe sein: ein besonderes gebäude, ein denkmal, eine einzigartige altstadt, ein park oder eine ganze landschaft. Zur ihrer besichtigung reisen jedes jahr viele menschen an.

Ⓡ Regelwissen anwenden: Wortgruppen getrennt schreiben

Wissen kompakt

Wortgruppen aus **Nomen + Verb** und **Verb + Verb** muss ich meistens getrennt schreiben: *Sie möchte Fußball spielen. Er wird tauchen lernen.*
Auch Wortgruppen mit **sein** schreibe ich in der Regel getrennt: *frei sein*.

Der Kölner Dom

Mitten in Köln steht der Kölner Dom. | An dieser eindrucksvollen Kirche | wurde mehrere Jahrhunderte gebaut. | Der Dom gilt | als ein großes Baukunstwerk | und gehört deshalb | seit 1996 zum Welterbe. | Wenn du einmal in Köln bist, | solltest du auf dem Domplatz **stehen bleiben** | und dir dieses Baukunstwerk ansehen. | Du kannst im Südturm hochsteigen. | Nach 355 Stufen musst du | erst einmal **Luft holen**, | um dann die Aussicht zu genießen. | Der Kölner Dom wird immer wieder renoviert. | Manche Leute vermuten, | dass er niemals **fertig sein** wird.

1 Im Text sind drei Wortgruppen blau gedruckt.
Schreibe sie in die Tabelle.

Nomen + Verb	Verb + Verb	Wortgruppe mit *sein*
Luft holen		

2 Schreibe auch die folgenden Wortgruppen in die Tabelle oben.

spazieren gehen | *Rad fahren* | *dabei sein* | *Abschied nehmen* | *allein sein* |
Schlange stehen | *liegen lassen* | *essen gehen* | *stolz sein*

3 Wähle aus der Tabelle drei Wortgruppen aus. Schreibe je einen Satz in dein Heft.

4 Schreibe den Text Der Kölner Dom ab.

Fehler finden – der Rechtschreib-Check

Mit dem Rechtschreib-Check überprüfe ich, ob es Fehlerwörter gibt. Ich wende die Strategien an, um ein Fehlerwort richtig zu schreiben.

Checkpunkt 1: Sprechen – hören – gliedern

Ich spreche die Wörter langsam und deutlich Silbe für Silbe.
So erkenne ich fehlende Buchstaben.

1 Im folgenden Text sind vier Fehlerwörter rot gedruckt.
- **a.** Sprich das Wort Silbe für Silbe. Markiere die Fehlerstelle.
- **b.** Schreibe die Wörter richtig auf.
- **c.** Schreibe den Text richtig in dein Heft.

Die sognannte Hamburger Speicherstadt | liegt im Hafen von Hamburg. | Das ist ein besoderes Stadtviertel | mit Kanälen, Brücken | und alten Lagerhäusern. | Diese Häuser wurden gebaut, | um Waren aus aller Welt zu lagern, | zum Beispiel Kaffee, Tee und Gwürze. | Seit 2015 gehört die Specherstadt zum Welterbe.

Checkpunkt 2: Wörter verlängern

p oder b? **t oder d?** **k oder g?**
Wenn das deutliche Sprechen und genaue Hinhören nicht ausreicht, verlängere ich das Wort.

2 In den folgenden Sätzen sind fünf Fehlerwörter rot gedruckt.
- **a.** Finde die richtige Schreibweise durch Verlängern heraus.
- **b.** Schreibe die Sätze richtig in dein Heft.

Eine Klassenfahrd nach Hamburg | ist spannent, denn es gibt viel zu sehen. | Eine Hafen-Rundfahrt gehört dazu, | auch wenn das Wetter | regnerisch und trüp ist. | In der Speicherstadt liekt das *Hamburg Dungeon**. | Dort zeikt man Geschichten | aus der Vergangenheit | mit Witz und Grusel.

* Dungeon [engl., sprich: danschen]: das Verlies, das Gefängnis, der Kerker

die Klassenfahrten, also: eine Klassenfahrt, die Spannung also : spannend

Checkpunkt 3: Wörter ableiten

In vielen Wörtern klingen **ä** und **e** ähnlich, **äu** und **eu** klingen gleich.
Wenn ich ein verwandtes Wort mit **a/au** finde, dann schreibe ich **ä/äu**.

3 Im folgenden Text sind vier Fehlerwörter rot gedruckt.
a. Leite die Wörter ab. Schreibe sie richtig auf.
b. Schreibe den Text richtig in dein Heft.

Die Zeche Zollverein in der Stadt Essen | war ursprünglich ein großes Bergwerk, | in dem Steinkohle abgebaut wurde. | Heutzutage ist die Zeche Zollverein | ein wichtiges Industrie-Denkmal, | das an die früheren Zeiten erinnert. | Die Gebeude und die Reder der Fördertürme | sind erhalten geblieben. | Die Zeche Zollverein zehlt heute | zu den beliebten Touristenorten in Deutschland. | Seit 2001 tregt sie | den Titel „Welterbe".

Checkpunkt 4: Wortfamilien richtig schreiben

Wörter aus einer Wortfamilie haben den gleichen Wortstamm.
Ich finde ein verwandtes Wort aus der Wortfamilie, das ich sicher schreiben kann.

4 In den folgenden Sätzen sind die Fehlerwörter aus einer Wortfamilie rot gedruckt.
a. Schreibe die Wörter aus der Wortfamilie richtig auf.
b. Finde drei weitere Wörter aus der Wortfamilie. Schreibe sie auf.
c. Schreibe die Sätze richtig in dein Heft.

Den Turm der Zeche Zollverein | erkent man schon von Weitem. | Auf dem Gelände befinden sich | einige Museen und schöne Cafés. | „Ich mag die Cafés besonders", | bekent eine Besucherin. | Viele Menschen kenen die Zeche Zollververein | auch als Ort für Festivals und Konzerte. | Außerdem lohnt sich ein Besuch | der Rollschuhbahn oder des Schwimmbads. | Dort trifft man sich mit Freunden | oder kann neue Leute kenenlernen.

Checkpunkt 5: Regelwissen anwenden: Nomen großschreiben

► Regelwissen anwenden, S. 104

Ich prüfe, ob das Wort:
- Personen, Lebewesen oder Gegenstände bezeichnet,
- von einem Artikel oder Pronomen oder von einem Adjektiv begleitet wird,
- mit **-ung, -heit, -keit, -nis** oder **-schaft** endet.

5 In den folgenden Sätzen sind alle Nomen kleingeschrieben.
a. Markiere die Nomen und schreibe sie mit ihren Artikeln richtig auf.
b. Schreibe die Sätze richtig in dein Heft.

Jana und Tarik machen ein praktikum an der nordsee. Heute erklären sie den neuen gästen auf einer wanderung das faszinierende wattenmeer.

das Praktikum, ____________________

____

Du kannst nun einen Text mit dem Rechtschreib-Check überprüfen.

6 Der folgende Texte enthält neun Fehlerwörter, die markiert sind.
a. Überprüfe die Fehlerwörter mithilfe der Checkpunkte 1 bis 5.

Achtung: Fehler!

Das Wattenmeer

Das Wattenmeer liegt an der Nordseeküste | von Deutschland, Dänemark und den Niederlanden. | Der Einfluss von Ebbe und Flut | ist im Wattenmeer besonders groß. | Es ist der Lebensraum | für unzehlige Tiere und Pflanzen. | Auf den Sandbenken | sonnen sich Seehunt und Robbe. | Im Schlick erkent man | Muscheln, Krebse und Würmer. | Die Zugvögl nutzen das Watt | als Zwischestopp, weil sie hier | reichlich nahrung finden. | Die landschaft ist einzigartik | und wurde zum Welterbe erklärt.

b. Schreibe die Fehlerwörter richtig auf. Ordne sie den Checkpunkten zu.

1: Sprechen – hören – gliedern ____________________

2: Wörter verlängern ____________________

3: Wörter ableiten ____________________

4: Wortfamilien richtig schreiben ____________________

5: Nomen großschreiben ____________________

7 Schreibe den Text Das Wattenmeer fehlerfrei in dein Heft.

Regelwissen anwenden: Großschreibung

Wissen kompakt

Nomen schreibst du **groß**. Mit diesen Tipps erkennst du sie:
- Prüfe, ob das Wort von einem Artikel und/oder einem Adjektiv begleitet wird.
- Prüfe, ob das Wort die Nachsilbe **-ung**, **-heit**, **-keit**, **-tun**, **-nis**, **-schaft** hat.
- Prüfe, ob vor dem Wort eine Präposition oder ein Pronomen steht.

Auch **nominalisierte Verben und Adjektive** schreibst du groß.
- Prüfe, ob vor dem Verb ein Artikel, eine Präposition oder ein Adjektiv steht.
- Prüfe, ob vor dem Adjektiv ein Artikel, eine Präposition (mit Artikel) oder eine Mengenangabe steht.

Das Okavango-Delta

! Das herz von Botswana | ist das Okavango-Delta |
!! im nordwesten. Es wird vom fluss Okavango gebildet, | der
in der Kalahari[1] versickert. | Hier verzweigt er sich | in fünf
!! hauptarme | und bildet ein riesiges feuchtgebiet. | Mit einer
! fläche von 16 000 km² | ist das Okavango-Delta | das größte
!!! binnendelta der erde. | Das wasser ist stellenweise | bis zu
! 20 meter tief. | Es ist so sauber, | dass man es trinken kann. |
!!! Die menschen sind in „einbäumen“ unterwegs, | kleinen booten, | die nur
!!! aus einem baum gefertigt sind. | Es gibt eine große vielfalt an pflanzen- und
!!!! tierarten. | In der trockenzeit beherrschen | die krokodile und flusspferde
!!!!! die wasserstellen des deltas. | Gnus, giraffen, zebras und elefanten besuchen
!!!! das delta, | um ihren durst zu löschen. | Löwen, leoparden und hyänen |
!! gehen hier auf die jagd. | Weit über 1000 verschiedene pflanzenarten | bieten
!!!! den tieren nahrung und schutz | vor der heißen sonne. |
! Das Okavango-Delta ist seit 2014 weltkulturerbe. V

Achtung: Fehler!

[1] Kalahari: mit 1,2 Millionen Quadratkilometer eine der größten Sandwüsten der Welt

1 Im Text sind nur die Satzanfänge und Eigennamen großgeschrieben.
a. Markiere im Text alle Nomen.
Tipp: Die Ausrufezeichen am Rand geben dir die Anzahl der Nomen vor.
b. Unterstreiche alle Begleitwörter in unterschiedlichen Farben:
Artikel, Adjektive, Präpositionen und Pronomen.
c. Schreibe den Text fehlerfrei in dein Heft.

2 Bilde vier Nominalisierungen aus folgenden Verben und Adjektiven wie im Beispiel. Schreibe mit den Nominalisierungen jeweils einen sinnvollen Satz in dein Heft.

~~spielen~~ | aussuchen | pflanzen | außergewöhnlich | dunkel

Beim Spielen sollte man fair bleiben.

Regelwissen anwenden: Getrennt- und Zusammenschreibung

Wissen kompakt

Wortgruppen schreibst du in der Regel getrennt.
- Wortgruppen aus **Nomen + Verb, Verb + Verb, Adjektiv + Verb** schreibst du in der Regel getrennt.
- Auch **Wortgruppen mit sein** schreibst du in der Regel getrennt.

Einige Wortgruppen schreibst du zusammen.
- **Verkürzte Wortgruppen aus Nomen + Partizip** schreibst du zusammen.
- Verbindungen aus **Adjektiv + Adjektiv** oder **Adjektiv + Verb** schreibst du zusammen, wenn sie eine neue Bedeutung eingehen.

Machu Picchu in Peru

Die weltbekannte Inkastadt Machu Picchu | liegt auf über 2.400 Metern | in dem Gebirge der Anden | und zählt zu den größten Sehenswürdigkeiten Südamerikas. | Heute sind nur noch die Ruinen | der im 15. Jahrhundert | aufwendig bebauten Stadt zu erkennen. | Seit 1983 gehört Machu Picchu | in Peru zum UNESCO-Weltkulturerbe. | Machu Picchu war eine Festung der Inka. | Wofür der Ort gebaut wurde, | ist aber nicht festgehalten. | Für den Tourismus wurde sogar extra | eine Bahnlinie gebaut | so dass viele Menschen | die Inkastadt besichtigen können. | Der Tourismus kann aber auch problematisch sein. | Auf der einen Seiten können die Einheimischen | so mehr Geld verdienen | und sehr stolz sein, | dass ihre Kultur erhalten bleibt | und sie auf diese Weise | viele Menschen kennen lernen können. | Auf der anderen Seite | müssen sie aber dafür oft | Menschenmassen in Kauf nehmen. | „Manchmal führt es dazu, | dass wir uns in unserer eigenen Heimat | nicht mehr gut fühlen“, | erzählte ein Einheimischer.

1 Im Text findest du getrennt geschriebene Wortgruppen.
Markiere im Text für die Wortgruppen jeweils zwei Beispiele in unterschiedlichen Farben: Adjektiv + Verb, Verb + Verb und Wortgruppen mit sein.

2 Im Text findest du auch Beispiele für Zusammenschreibung. Finde für die nachfolgenden Wortgruppen das Beispiel aus dem Text und schreibe es auf.

verkürzte Wortgruppe aus Nomen + Verb: ______________________________

Verbindung aus Adjektiv + Verb mit neuer Bedeutung: ______________________________

3 Schreibe den Text Machu Picchu in Peru ab. Schreibe in dein Heft.

Den Rechtschreib-Check anwenden: Schreibentscheidungen treffen und begründen

Beim Schreiben und Überarbeiten hilft dir der Rechtschreib-Check, dich begründet für die richtige Schreibung zu entscheiden und Fehler zu vermeiden.

Die Shark Bay in Westaustralien

A Die Shark Bay ist eine **Meeresbucht/Meresbucht** an der Westküste Australiens, etwa 800 Kilometer nördlich von Perth im Bundesstaat Western Australia. Die Bucht selbst kann eine Fläche von etwa 10.000 km^2 **auf weisen/aufweisen**. Die **durchschnitliche/durchschnittliche** Wassertiefe **beträgt/betregt** neun bis zehn Meter. Das seichte Wasser wird durch Sandbänke zerteilt. Die Shark Bay ist ein Gebiet mit hoher zoologischer Bedeutung. Seit 1991 ist es Teil des UNESCO-Welterbes. Es ist die erste Region Westaustraliens, die diese **Auszeichnung/Auszeichnunk** erhielt.

1 **a.** Entscheide mithilfe des Rechtschreib-Checks über die Schreibung der hervorgehobenen Wörter in Abschnitt A. Streiche die falsche Schreibweise durch.
b. Sortiere die Wörter dem Rechtschreib-Check zu und trage sie unten ein.

Achtung: Fehler!

B In dieser wunderbaren Unterwasserweld gibt es nicht nur die ausgedehntesten Seegraswiesen der Welt und eine der größten Gabelschwanzseekühe-Population (Dugongs, eine Seekuhart), sondern auch die ältesten Lebensformen der Erde – lebende Fossilien, die Stromatolithen genannt werden. Neben den berümten Delfinen von *Monkey Mia* leben hier Meeresschildkröten, Rochen, Seschlangen, Wale und viele Haie. In der Bucht findet sich eines der größten Vorkommen an Tigerhaien. Das Buschland ist Lebensraum für 26 bedrohte Seugetierarten. Bei der Vielfalt kann man schon fasziniertsein.

2 Im Textabschnitt B findest du fünf Fehlerwörter.
a. Markiere die Fehlerwörter.
b. Schreibe den Text fehlerfrei in dein Heft.
c. Begründe deine Schreibungen mithilfe des Rechtschreibchecks. Sortiere sie den Checkpunkten zu.

Checkpunkt 1 (Sprechen – hören – gliedern): ______

Checkpunkt 2 (Wörter verlängern): ______

Checkpunkt 3 (Wörter ableiten): ______

Checkpunkt 4 (Wortfamilien richtig schreiben): ______

Checkpunkt 5 (Regelwissen anwenden): ______

Fremdwörter mit -iv und -(i)ell

Wissen kompakt

Wörter wie *attraktiv* oder *finanziell* sind **Fremdwörter**, das heißt, sie stammen eigentlich aus einer anderen Sprache. Einige **Adjektive**, die Fremdwörter sind, enden mit **-iv** und **-(i)ell**: *intens**iv**, sensation**ell**.*

Lauras neue Sportart

Laura ist gern sportlich aktiv | und möchte das Mountainbiken ausprobieren. | Der Sportverein bietet ein Probetraining | speziell für Jugendliche an. | An zwei Wochenenden fährt Laura | mit der Gruppe zum Training. | Sie lernen verschiedene Trails* kennen: | über die Wiese, über Hügel | und durch den Wald. | Das Training ist intensiv und macht Laura Spaß. | Sie denkt, dass das Mountainbiken | der richtige Sport für sie ist. | Laura möchte sich eventuell | ein eigenes Mountainbike kaufen.

*die Trails (engl.): die Pfade, unbefestigte Wege in der Natur

1 a. Markiere im Text vier Fremdwörter mit der Endung **-iv** oder **-(i)ell**.
b. Schreibe sie in die Tabelle.

Adjektive mit Endung -iv	Adjektive mit Endung -i(e)ll

2 Schreibe auch die folgenden Adjektive in die Tabelle oben.

offiziell | attraktiv | aktuell | finanziell | qualitativ | positiv

3 Ergänze in den Sätzen passende Adjektive aus der Tabelle.

Im Fahrradladen gibt es einige ______________ Angebote.

Schaltung und Bremsen sollten ______________ hochwertig sein.

Beim Training hat Laura ______________ Erfahrungen gemacht.

4 Schreibe den Trainingstext Lauras neue Sportart ab.

Fremdwörter

Wissen kompakt

Viele von **Fremdwörtern** abgeleitete **Verben** enden auf **-ieren**, z. B.: *funktionieren*.
Zu den Verben auf **-ieren** findest du oft ein passendes **Nomen**, z. B.:
reagieren – die Reaktion.

Der Radsport

A Laura lässt sich im Fahrradladen | über verschiedene Mountainbikes ______________________. | Ihr Bike soll leicht, wendig | und vor allem mit wenig Werkzeug | gut zu ______________________ sein. | Das Rad muss auf befestigten oder unbefestigten Straßen, | aber auch im freien Gelände ______________________. | Außerdem darf es nicht zu viel kosten, | denn ihre Eltern müssen es ______________________. | Also möchte Laura | das Angebot im Geschäft zunächst ______________________.

1 **a.** Trage in die Lücken von Text A die folgenden Verben passend ein.

finanzieren | sondieren | reparieren | funktionieren

b. Finde für die erste Lücke ein passendes Verb auf -ieren und trage es ein.

c. Erschließe aus dem Textzusammenhang die Bedeutung des Verbs sondieren. Kreuze an.

☐ suchen ☐ erkunden ☐ messen

B Laura erfährt, dass die **Produktion** von Mountainbikes für die unterschiedlichen Disziplinen nicht einfach ist. Ihr **Interesse** gilt besonders dem Cross-Country-Wettbewerb. Da braucht man ein stabiles und wendiges Rad. Der **Termin** für das Anfängerrennen steht fest. Daran möchte Laura unbedingt teilnehmen, auch wenn das **Training** sehr anstrengend ist. Aber ihre **Motivation** ist sehr groß, denn es gibt für die vorderen Plätze eine kleine **Prämie**.

2 **a.** Schreibe die Nomen mit ihrem Artikel aus dem Text B untereinander auf.
b. Finde zu jedem Nomen ein Verb auf -ieren und schreibe es daneben.

____

____

____

____

3 Schreibe den Text Der Radsport (A und B) ab. Schreibe in dein Heft.

Komma bei dass-Sätzen

Wissen kompakt

Nach bestimmten Verben folgt oft ein **dass-Satz**: *Ich denke, dass … / Sie hofft, dass … / Er glaubt, dass … / Wir wissen, dass …*
Der **dass-Satz** wird vom Hauptsatz durch ein Komma abgetrennt.
Der **dass-Satz** kann auch am Anfang des Satzgefüges stehen.
*Er hofft**, dass** es morgen regnen wird. **Dass** der Regen notwendig ist, wissen wir.*

Die Landwirtschaft

(1) Kevin besucht einen Biohof. | Die Landwirtin erklärt ihm, | dass die Klimaerwärmung die Landwirtschaft verändert. | Sie sagt: | „Hier wachsen unsere Aprikosen und Nektarinen. | Früher kamen diese Früchte | zum Beispiel aus Italien oder Spanien, | aber nicht aus Deutschland.“ | Dass auch Kiwis und Feigen | hier gedeihen*, sieht Kevin | in der Gärtnerei nebenan.

(2) Kevin erfährt | dass auf dem Hof neuerdings | Süßkartoffeln angebaut werden. | Diese sind empfindlich gegen Kälte. | Inzwischen gedeihen sie aber in Deutschland. | Der Landwirt hofft | dass er die Süßkartoffeln gut verkaufen kann. | Dass die Trockenheit | ein Problem sein wird weiß er auch.

Achtung: Fehler!

*gedeihen: gut wachsen, sich gut entwickeln

1 Finde in Abschnitt (1) die Satzgefüge mit **dass**.
a. Unterstreiche die **dass-Sätze**.
b. Markiere die Kommas.

2 a. Unterstreiche in Abschnitt (2) die **dass-Sätze**.
b. Setze die fehlenden Kommas.

3 Ergänze passende **dass-Sätze**. Denke an die Kommas.

Kevin denkt ______________________________.

Die Landwirtin meint ______________________________.

Die Menschen wissen ______________________________.

4 Schreibe den Trainingstext Die Landwirtschaft ab.

Die Konjunktion dass und das Relativpronomen das

Wissen kompakt

Die **Konjunktion dass** leitet Nebensätze ein. Der Nebensatz kann vor oder nach dem Hauptsatz stehen. Beispiele:
Kemal weiß, dass es Eiszeiten und Warmzeiten gab.
Dass es Eiszeiten und Warmzeiten gab, weiß Kemal.
Relativsätze mit dem **Relativpronomen das** sind Nebensätze, die vom Hauptsatz durch ein Komma abgetrennt werden. Sie werden durch das Relativpronomen eingeleitet, das sich auf ein vorangehendes Nomen bezieht.
Kurt betritt das Gebäude, das am höchsten ist.

Hungersteine

Nach langen Dürreperioden | sieht man dass der Wasserspiegel | in Flüssen sinkt. | Manchmal findet man dann | große Steine an dem Ufer | das nun trocken ist. | Sie tragen Markierungen und Jahreszahlen. | Man nennt sie Hungersteine. | Die Inschriften auf den Steinen | besagen dass die Gefahr | einer Hungersnot droht. | Bei Dürre wird die Ernte schlecht | oder sie fällt ganz aus. | Die Geschichte der Hungersteine | reicht zurück bis ins 15. Jahrhundert. | Im Jahr 1892 wurde berichtet | dass ein großer Stein | bei Tichlowitz an der Elbe den Spruch trägt: | „Wer einst mich sah, | der hat geweint. | Wer mich jetzt sieht, | wird weinen." | Damals verhungerten viele Menschen. | Daher wissen wir dass es auch früher heiße | und regenarme Sommer gab. | Dass sich aber in der Gegenwart | die trockenen Sommer häufen | haben Wissenschaftler herausgefunden.

Achtung: Fehler!

1 Finde im Text die Satzgefüge mit dass.
a. Unterstreiche die dass-Sätze.
b. Setze in den dass-Sätzen die fehlenden Kommas.

2 Finde im Text das Satzgefüge, das mit dass beginnt.
a. Markiere das Satzgefüge.
b. Stelle das Satzgefüge um, indem du mit dem Hauptsatz beginnst. Schreibe den Satz in deinem Heft auf.

3 Im Text befindet sich ein Relativsatz.
a. Schreibe den Relativsatz in deinem Heft auf und setze das Komma.
b. Markiere das Relativpronomen und zeichne einen Pfeil zum Bezugswort.

4 Schreibe den Text Hungersteine ab. Schreibe in dein Heft.

Komma bei Relativsätzen

Wissen kompakt

Relativsätze sind **Nebensätze**. Sie beziehen sich meist auf ein vorangegangenes Nomen. Sie werden durch ein **Relativpronomen** (**der, das, die**) eingeleitet und vom Hauptsatz durch ein **Komma** abgetrennt.
*Ich mag Vereine, **die** ein gutes Trainingsangebot haben.*
Der Relativsatz kann auch in den Hauptsatz eingeschoben sein. Vor und nach dem eingeschobenen Relativsatz setze ich ein Komma: *Ein Rucksack, der für diese Reise geeignet sein soll, muss wasserdicht sein.*

Auf dem Rennsteig

(1) Denis macht Pläne für die Ferien. | Er sucht ein Reiseziel, | das Natur und Abenteuer verbindet. | Seine Freunde Harun und Paul, die gerne wandern, schlagen den Thüringer Wald vor. | Der Rennsteig ist ein bekannter Wanderweg | im Thüringer Wald. | Dort gibt es auch | einen Jugendwanderweg, | der viel Abwechslung verspricht.

(2) Denis notiert sich die Sommerrodelbahn | und den Kletterwald | der bei Bad Tabarz zu finden ist. | Das Klettern zwischen den Bäumen | die ziemlich hoch sind reizt Denis. | Seine Freunde die auch Lust | auf so ein Abenteuer hätten | werden hoffentlich mitkommen.

Achtung: Fehler!

1 In Abschnitt (1) findest du drei Relativsätze.
a. Unterstreiche die Relativsätze.
b. Markiere die Relativpronomen und die Kommas.

2 **a.** Finde in Abschnitt (2) die Relativsätze und unterstreiche sie.
b. Setze die fehlenden Kommas.

3 Ergänze in den folgenden Sätzen passende Relativsätze. Denke an die Kommas.

... die cool und fair sind | ... die uns viel beibringen | ... das seit Tagen herrschte | ... das plötzlich aufkam

Ich mag Trainerinnen ______________________________.

Das schlechte Wetter ______________________________ störte uns kaum.

4 Schreibe den Trainingstext Auf dem Rennsteig ab.

Komma bei Relativsätzen und anderen Satzgefügen

Wissen kompakt

Satzgefüge bestehen aus Hauptsatz und Nebensatz. Zwischen Hauptsatz und Nebensatz steht ein Komma:
Marie liebt das Wasser, weil man sich darin so frei bewegen kann.
Relativsätze werden mit einem **Relativpronomen** (**der, das, die**) eingeleitet.
Vor und nach dem eingeschobenen Relativsatz setzt du ein Komma.
Sie springt in das Wasser, das sehr kalt ist.

Rafting

Marie erzählt von einem besonderen Ferienerlebnis mit ihrer Jugendgruppe: „Als wir in Bayern ankamen regnete es. Wir bezogen unsere Zimmer in einer Herberge die direkt an der Isar lag. Alle zogen ein trauriges Gesicht weil das Wetter so schlecht war. Doch am nächsten Tag wurde die Laune besser. Wir gingen zu einem Bootshaus das der Startpunkt des Abenteuers sein sollte. Jeder bekam eine Schwimmweste, einen Helm und ein Paddel. Danach ging es los. Es ist gar nicht so einfach ein Schlauchboot zu steuern das von der Strömung mitgerissen wird. Unser Gruppenleiter meinte dass sich die Gruppe beim Steuern einig sein müsse. Er hatte recht. Teamspirit ist ganz wichtig. Obwohl alle nass geworden waren war die Stimmung am Zielort super. Es war ein tolles Erlebnis das ich jederzeit gern wiederholen würde.

Achtung: Fehler!

1 Im Text findest du vier Relativsätze und vier andere Satzgefüge.
a. Unterstreiche die Relativsätze rot und die anderen Satzgefüge blau.
b. Markiere die Relativpronomen und die Konjunktionen.
c. Setze die fehlenden Kommas.

2 Bestimme, ob es sich bei den folgenden Sätzen um Relativsätze oder andere Satzgefüge handelt.
a. Unterstreiche die Relativsätze rot und die anderen Satzgefüge blau.
b. Markiere die Relativpronomen und die Konjunktionen.
c. Setze die fehlenden Kommas.

Kevin ist ein guter Freund der gerne lacht.
Nachdem die Gruppe eingetroffen war ging das Abenteuer richtig los.
Die Freunde die bei dem Ausflug dabei waren erinnern sich gern daran.
Gemeinsame Unternehmungen sind für uns Menschen sehr wichtig weil wir soziale Wesen sind.

Zeichensetzung bei Zitaten

Wissen kompakt

Wenn ich **aus einem Text** etwas **wörtlich übernehme**, dann **zitiere** ich so:
Ich setze die Textstelle in **Anführungszeichen**. Nach dem Zitat gebe ich in Klammern das verwendete Material und die Zeilen der Übernahme an.
„Die Menschen erzählten sich von riesigen Seeungeheuern, die in der unerforschten Tiefe lauerten." (M1, Z. 2–3)

Carla möchte über das Thema „Meer" informieren. Sie findet folgenden Text.

M1 Ungeheuerlich

In früheren Jahrhunderten war das Meer noch geheimnisvoller als heute. Die Menschen erzählten sich von riesigen Seeungeheuern, die in der unerforschten Tiefe lauerten. Sie erzählten auch von Meeresgöttern, die Sturmfluten bringen konnten. Noch bis ins 16. Jahrhundert wurde gewarnt, dass eine Reise nach Westen auf dem Ozean mit dem Fall ins Nichts enden würde. Erst mit dem portugiesischen Seefahrer Ferdinand Magellan änderte sich das. Magellan brach 1519 zu einer Expedition auf, die mit der ersten Weltumsegelung endete. Damit war der Beweis erbracht, dass man die Erde umrunden kann. V

1 Lies den Entwurf, den Carla geschrieben hat.

Über siebzig Prozent der Erdoberfläche sind von Wasser bedeckt. Man unterscheidet fünf große Ozeane: den Atlantischen, den Pazifischen, den Indischen, den Arktischen und den Antarktischen Ozean. Das Erforschen der Meere begann erst spät und ist heute noch nicht abgeschlossen. „In früheren Jahrhunderten war das Meer noch geheimnisvoller als heute." (M1, Z. 1–2) Bis ins 16. Jahrhundert glaubten viele Menschen zum Beispiel, dass eine Reise nach Westen auf dem Ozean mit dem Fall ins Nichts enden würde. ____________________

2 Welchen Satz hat Carla wörtlich aus M1 übernommen?
a. Unterstreiche diesen Satz in M1 und in Carlas Entwurf.
b. Markiere in Carlas Entwurf auch die Angaben in Klammern.

3 Carla hat auch einen Nebensatz aus dem Text M1 übernommen.
a. Finde das Zitat und setze es in Anführungszeichen.
b. Ergänze in Klammern das Material und die Zeilenangaben.

Zeichensetzung bei Zitaten und Quellenangaben

Wissen kompakt

Wenn du eine **Textstelle wörtlich übernimmst**, also ohne sie zu verändern, setzt du diese Textstelle in **Anführungszeichen** („…"). Lässt du etwas innerhalb eines Zitats weg, kennzeichnest du dies mit […]. Nach dem Zitat gibst du **in Klammern** den Text und die Zeilenangabe an, z. B.: (M3, Z. 44–45).

Quellenangaben, z. B. für ein Verzeichnis zu deinem Referat, beziehen sich nicht nur auf Bücher, sondern auch auf Internetquellen. Du notierst die Autorinnen/Autoren (falls vorhanden), den Titel des Textes sowie die Internetadresse mit Abrufdatum, z. B.: *Bildwb: Das Meer – Ursprung allen Lebens 2019. https://www.wissen.de/bildwb/das-meer-ursprung-allen-lebens (Abrufdatum: 20.05.2023)*

Kemal sucht für seinen informierenden Text über das Meer Informationen im Netz. Am 20.05.2023 findet er folgende Informationen.

M1 Die Welt der Ozeane

In den Tiefen der Ozeane schlummern bis heute viele Geheimnisse. Große Teile der Weltmeere sind noch immer völlig unerforscht. Selbst den Mond kennen wir besser als die Tiefsee. Was wir aber wissen: Fast das gesamte Wasser dieser Erde – um genau zu sein 97,5 Prozent – plätschert in den fünf Weltmeeren.

https://www.planet-schule.de/mm/die-erde/Barrierefrei/pages/Die_Welt_der_Ozeane.html

M2 Der blaue Planet

Vom Weltall gesehen erscheint die Erdkugel in kräftigem Blau. Das liegt daran, dass die Erde zu knapp drei Vierteln mit Wasser bedeckt ist. Besonders zutreffend ist der Begriff südlich des Äquators. Denn die Südhalbkugel ist fast vollständig von Meer bedeckt, weil ein Großteil der Kontinente durch Plattenbewegung nach Norden gewandert ist.

https://www.planet-schule.de/mm/die-erde/Barrierefrei/pages/Die_Welt_der_Ozeane.html

Kemals Text: *Raumfahrer berichten, dass die Erde von oben aus gesehen in kräftigem Blau erscheint. Das liegt daran, dass unser Planet zu knapp drei Vierteln mit Wasser bedeckt ist. Ab einer gewissen Tiefe bekommt Wasser einen immer stärkeren Blauschimmer. Weil wir die mächtigen Ozeane blau sehen, wird die Erde auch „der blaue Planet" genannt. Wir glauben, dass die Erde total erforscht ist. Das aber ist ein Irrtum. Große Teile der Weltmeere sind noch immer völlig unerforscht. Selbst den Mond kennen wir besser als die Tiefsee.*

1
- **a.** Markiere die Textstellen, die Kemal wörtlich übernommen hat.
- **b.** Schreibe Kemals Text mit vollständigen Angaben in dein Heft.
- **c.** Schreibe für das Literaturverzeichnis die vollständige Quellenangabe in dein Heft.

Textquellen

S. 6–7: Pro und kontra Feuerwerk (gekürzt und verändert). Abrufbar unter: https://www.unserding.de/unserding/news/themen/20201124_pro_contra_feuerwerk_100.html (abgerufen am 09.01.2023). **S. 11–12**: Verpflichtender Hundeführerschein: Pro und Kontra (gekürzt und verändert). Abrufbar unter: https://tierschutzverein.at/hundefuehrerschein/ (abgerufen am 09.01.2023). **S. 16, 18**: Helmpflicht fürs Fahrrad: Ratgeber (gekürzt und verändert). Abrufbar unter: https://www.bussgeldkatalog.de/helmpflicht-fahrrad/ (abgerufen am 23.01.2023). **S. 17, 18**: Dennis Brinkmann: Helmpflicht fürs Fahrrad – gesetzliche Vorschriften in Deutschland und weltweit (gekürzt und verändert). Abrufbar unter: www.fahrradhelm-macht-schule.de/ratgeber/helmpflicht-fahrrad/ (abgerufen am 23.01.2023). **S. 22–23**: Jagd auf Geisternetze (gekürzt und verändert). Abrufbar unter: https://www.wwf-junior.de/umwelt/geisternetze (abgerufen am 09.01.2023). **S. 24**: Interview mit Madeleine, der Gründerin von Bracenet (gekürzt und verändert). Abrufbar unter: https://www.jobverde.de/magazin/innovative-arbeitgeber-im-fokus/bracenet-wir-demokratisieren-den-meeresschutz (abgerufen am 03.02.2023). **S. 28–29**: Jenny Bernard: Das Handy entsorgen – Ein Beitrag zum Umweltschutz (gekürzt und verändert). Abrufbar unter: https://www.logitel.de/blog/handys/handy-entsorgen/ (abgerufen am 09.01.2023). **S. 32**: Dein Handy der Natur zuliebe spenden (gekürzt und verändert). Abrufbar unter: https://www.logitel.de/blog/handys/handy-entsorgen/#Spende_Dein_Alt-Handy_und_tue_Gutes_fuer_Mensch_Natur (abgerufen am 09.01.2023). **S. 36–37**: One Earth – One Ocean (oeoo) (Auszug, gekürzt). One Earth – One Ocean e. V. © 2023. Abrufbar unter: https://oneearth-oneocean.com/das-problem/ (abgerufen am 23.01.2023). **S. 38–39**: Jörn Perske: Saugstarke Recyclingidee – Wieso Friseure Haare für den Umweltschutz sammeln (gekürzt). hessenschau.de 2022. Abrufbar unter: https://www.hessenschau.de/panorama/saugstarke-recycling-idee-friseure-spenden-haare-fuer-den-umweltschutz-,haare-als-oelsperre-100.html (abgerufen am 23.01.2023). **S. 42–44, 46–49 (Lösungen, S. 8–9)**: Chris Vick: Allein auf dem Meer (Auszüge, gekürzt). Aus dem Englischen übersetzt von Wieland Freund und Andrea Wandel, © Beltz & Gelberg, Weinheim Basel 2022, S. 18–21, 77–81. **S. 51–54, Zitate S. 95:** Blake Nelson: Paranoid Park (Auszüge, gekürzt). Übersetzt von Heike Brandt, © Gulliver in der Verlagsgruppe Beltz, Weinheim Basel 2009. **S. 56–57**: Endlich stressfrei in den Urlaub: TÜV lässt Dachgepäckträger auch für Kinder zu (gekürzt und verändert). Abrufbar unter: https://www.der-postillon.com/2021/07/dachgepaeck.html (abgerufen am 09.01.2023). **S. 59–60**: Chaos an Flughäfen immer schlimmer: Pilot im Frachtraum eingesperrt – Rollkoffer steuerte Flugzeug nach Mallorca (gekürzt und verändert). Abrufbar unter: https://www.der-postillon.com/2022/07/rollkoffer.html (abgerufen am 09.01.2023). **S. 63–64**: Jean Gnatzig: Forscher vom Mars finden angeblich Wasser ohne Plastik auf Erde. Aus: welt.de vom 27.07.2018. Abrufbar unter: https://www.welt.de/satire/article180076578/Mars-Forscher-finden-angeblich-Wasser-ohne-Plastik-auf-Erde.html (abgerufen am 23.01.2023). **S. 68 (Lösungen, S. 12)**: Josef Reding: Friede. Aus: Frieden: Mehr als ein Wort, Hrsg. Hildegard Wohlgemuth, Rowohlt, Reinbek 1981, S. 26. **S. 72, 74 (Lösungen, S. 13)**: Ingeborg Görler: Krieg und Frieden. Aus: Frieden: Mehr als ein Wort, Hrsg. Hildegard Wohlgemuth, Rowohlt, Reinbek 1981, S. 16. **S. 76**: Alfred Lichtenstein: Die Zeichen. Aus: Dichtungen. Hrsg. Klaus Kanzog u. Hartmut Vollmer. Zürich 1989, S. 85. **S. 96:** Tim Bendzko: Sag einfach ja (Auszug). Aus: Wenn Worte meine Sprache wären. Sony Music Entertainment, München 2011. **S. 99**: Alfred Lichtenstein: Nebel (Auszug). Abrufbar unter: https://gedichte.xbib.de/Lichtenstein_gedicht_Nebel.htm (abgerufen am 23.01.2023). **S. 102 (Lösungen, S. 20)**: Dirk Reinhardt: Train Kids (Auszug). Carlsen Verlag, Hamburg 2017. **S. 109 (Lösungen, S. 21–22)**: Das Okavango-Delta (verändert). Aus: afrika-junior.de © 2012–2021. Abrufbar unter: www.afrika-junior.de/de/kinder/laender/botswana.html (abgerufen am 23.01.2023). **S. 118:** Ungeheuerlich (Auszug, verändert) Aus: Fluter – Magazin der Bundeszentrale für politische Bildung, Ausgabe 84, Thema Meer, S. 13. **S. 119 (Lösungen, S. 23)**: Die Welt der Ozeane / Der blaue Planet (Auszüge). Abrufbar unter: https://www.planet-schule.de/mm/die-erde/Barrierefrei/pages/Die_Welt_der_Ozeane.html (abgerufen am 23.01.2023).

Illustrationen

Thomas Binder, Magdeburg: S. 4, 93, 96, 100–101
Alexandra Langenbeck, Toronto: S. 8
Carsten Märtin, Oldenburg: S. 104–108
Ulrike Selders, Köln: S. 3, 21, 25–26, 31, 33, 39, 56–57, 59–61, 63, 91, U3
Dorina Tessmann, Berlin: S. 3, 42, 44, 46, 48–49, 52, 68, 72, 76–77, 99, 103